AF107392

کلکی اوتار

پنڈت وید پرکاش اپادھیائے

© Pundit Ved Prakash Upadhyay

Kalki Avatar

by: Pundit Ved Prakash Upadhyay

Edition: July '2024

Publisher :

Taemeer Publications LLC (Michigan, USA / Hyderabad, India)

ISBN 978-93-5872-396-0

9 789358 723960

© پنڈت وید پرکاش اپادھیائے

کتاب	:	**کلکی اوتار**
مصنف	:	پنڈت وید پرکاش اپادھیائے
ٹائپنگ	:	اویس قرنی (المعروف بہ : چھوٹا غالب)
پروف ریڈنگ / تدوین	:	اعجاز عبید
صنف	:	تحقیق و تنقید
ناشر	:	تعمیر پبلی کیشنز (حیدرآباد، انڈیا)
سالِ اشاعت	:	۲۰۲۴ء
صفحات	:	۶۶
سرورق ڈیزائن	:	تعمیر ویب ڈیزائن

فہرست

انتساب

عالی جناب ودودد دھوری، ودوانوں کے محور کو اختیار کرنے والے، پنڈتوں کے علمی

غرور کو توڑ کر چور چور کرنے کا علاج بنے ہوئے، وحدتِ انسانیت کے حامی، اصولوں

سے مزین شعور رکھنے والے، نظائر و فلسفہ سے اچھی راہوں کی نمائش کرنے والے،

پاک وطن الہ آباد یونیورسٹی صیغہ سنسکرت کے صدر

عالی جناب گرور یہ آدیا پرساد مصرا

کے دستِ مقدس پر یہ تحقیقی کتاب نذر کی جاتی ہے

پنڈت وید پرکاش اپادھیائے

پیش لفظ

زمینی مذاہب اور آسمانی مذاہب کی تقسیم آسمانی نہیں بلکہ زمینی ہے۔ در حقیقت تمام مذاہب آسمانی ہوتے ہیں۔ آسمانی مذہب کو زمیں بوس کرنے میں مذہبی اجارہ داروں کا ہاتھ ہے۔ اقتضائے توحیدِ ذاتِ باری، وحدتِ پیغام ہائے رسل بھی ہے۔ روئے زمین پر پہلا انسان (حضرت آدمؑ) نبی بھی تھا۔

رحمت و ربوبیت کا تقاضا ہے کہ انسان کے لئے روحانی رزق بھی آسمان سے نازل ہو ۔ یہ عجیب بات ہے کہ لغت میں رزق کے ایک معنی بارش کے بھی ہیں۔ حاصل یہ کہ معلوم علم کی بنیاد پر زمین اور آسمان کے درمیان ایک ناقابلِ تنسیخ حدِ فاصل کھینچ دینا خلافِ فطرت بات ہے۔ انبیا کی قومیں جب اپنے دین میں تحریف اور تفرقہ کی مرتکب ہوتی ہیں تو آسمانی مذہب زمیں بوس ہو جاتا ہے۔

کہا گیا ہے کہ چار کتب، توریت (حضرت موسیٰؑ) زبور (حضرت داوٴدؑ)، انجیل (حضرت عیسیٰؑ)، قرآن مجید (خاتم النبیین حضرت محمد ﷺ) آسمانی ہیں اور انہی کے ماننے والے آسمانی ہدایت کے ماننے والے ہیں۔ یہ کیسے ممکن ہے کہ حضرت آدمؑ سے لے کر حضرت موسیٰؑ تک ہزاروں سال کا عرصہ گزر جائے، اور کوئی نبی کتاب کے ساتھ مبعوث نہ ہوا ہو۔ ارشادِ باری تعالیٰ ہے:۔ ولکل امۃِ الرسول۔ اور۔ ولکل قومِ ھاد (اور ہر قوم کے لئے ایک رسول ہے)

کہا گیا کہ ان چار کتب سے پہلے کوئی کتاب نازل نہیں ہوئی بلکہ صحائف نازل ہوتے

رہے۔۔۔ جبکہ قرآن کہہ رہا ہے:۔ ان ھذا لفی الصحف الاولیٰ صحف ابراھیم و موسیٰ۔ اس آیت سے واضح ہوتا ہے کہ قرآن، صحائف اور کتب کی الگ الگ تخصیص نہیں کرتا جیسے کہ مروجہ خیال پایا جاتا ہے۔ یہاں کتابِ موسیٰ علیہ السلام کو کو بھی صحائف میں شمار کیا گیا ہے۔

قرآن پاک میں جب ہم پچھلی کتابوں کا ذکر ڈھونڈتے ہیں تو ہمیں توریت، زبور، انجیل اور صحف ابراھیم کے علاوہ پچھلی کتابوں کے لئے "صحف اولیٰ" اور "زبر الاولین" کے الفاظ ملتے ہیں جن کے لفظی معنی ہیں "سب سے پہلے صحیفے" اور "سب سے پہلے بکھرے ہوئے اوراق"۔ ان دونوں الفاظ کے سنسکرت مترادف الفاظ "آدگرنتھ" اور "آدگیان" ہیں۔ ویدوں کے بارے میں ہندوؤں کا دعویٰ ہے کہ یہ آدگرنتھ اور آدگیان ہیں۔ جنہیں قرآن زبر الاولین یا صحف اولیٰ کہتا ہے، یہاں اس بات کا خیال رہے کہ اگر وید نام کی کسی کتاب کو ہم نے قرآن کریم میں ڈھونڈنے کی کوشش کی تو یہ سعی لاحاصل رہے گی۔ آج دنیا میں حضرت داؤدؑ سے منسوب صحیفے کا نام سام Psalm ہے۔ اب اگر سام کے نام سے آپ قرآن کریم میں حضرت داؤدؑ کے صحیفے کو تلاش کریں تو ظاہر ہے نہیں ملے گا۔ قرآن نے اس کتاب کا نام زبور رکھا ہے۔ یہ ایسا ہی ہے جیسے آج کوئی عیسائی اپنے آپ کو نصاریٰ نہیں کہتا۔ لیکن ہم جانتے ہیں کہ قرآن نے نصاریٰ اس قوم کو کہا ہے جو آج اپنے آپ کو عیسائی کہتی ہے۔ جو اپنے آپ کو نصاریٰ نہیں کہتے انہیں تو ہم نصاریٰ کے نام سے جانتے ہیں اور جو اپنی کتاب کو زبور نہیں کہتے ان کی کتاب کو ہم زبور کے نام سے جانتے ہیں۔ یہاں ایک بہت بڑی قوم نزولِ قرآن سے بھی بہت پہلے یہ دعویٰ کرتی چلی آرہی ہے کہ اس کے پاس صحف اولیٰ یا زبر الاولین ہیں۔ اپنی زبان میں وہ یہی الفاظ اپنی کتابوں کے لئے استعمال کرتی چلی آرہی ہیں اور ہم ایک ہزار چار سو سال سے بغیر

تحقیق کئے اور بغیر ان آد گرنتھوں کو پڑھے یہی کہے چلے جا رہے ہیں کہ صحف اولیٰ اور زبر الاولین کا دنیا میں اب کوئی وجود نہیں ہے۔ پھر ایسا بھی تو نہیں کہ بہت سی قوم میں اس نام کی کتاب رکھنے کا دعویٰ کرتی ہوں جس سے سب کا دعویٰ مشکوک ثابت ہو رہا ہو بلکہ دنیا میں صرف یہی ایک مذہبی قوم ہے جو اس کی مدعی ہے۔ شاید اللہ کی یہی مصلحت تھی کہ یہ راز اسی دور کے قریب کھلے جو اس قوم کی تبدیلی مذہب کے لئے مرقوم ہے۔

اولین صحائف کا دنیا میں آج بھی وجود قرآن کی مندرجہ ذیل آیت سے ثابت ہے۔

ترجمہ :۔ "اور وہ کہتے ہیں کہ یہ شخص اپنے رب کی طرف سے ہمارے پاس کوئی غیر معمولی ثبوت کیوں نہیں لاتا اور کیا ان کے پاس صحفِ اولیٰ میں جو کچھ بھی ہے (اس کی شکل میں) واضح دلیل نہیں آگئی۔؟" (سورۃ طٰہ ۱۳۳)

یہ آیت اس بات کا ثبوت ہے کہ اولین صحیفے یا آد گرنتھ غائب نہیں ہو گئے بلکہ دنیا میں آج بھی موجود ہیں بلکہ اس بات کو قرآن دلیل اور معجزے کے طور پر پیش کر رہا ہے کہ ہزاروں سال گزر جانے کے بعد بھی اولین صحائف میں وہ تعلیمات موجود ہیں جن کے مجموعے کی شکل میں قرآن عظیم سب سے آخر میں نازل ہوا۔ اولین صحیفوں کے دنیا میں موجود ہونے کے جو لوگ ثبوت طلب کرتے ہیں ان کے لئے اس آیت میں باری تعالیٰ نے ایک دلیل ارشاد فرمائی ہے۔

ویدوں کے صحفِ اولیٰ یا زبر الاولین ہونے کا ایک عقلی ثبوت یہ بھی ہے کہ پرانوں اور ہندوؤں کی دیگر مذہبی کتابوں میں تو بہت سے انبیاء علیہم السلام کا ذکر ان کے ناموں کے ساتھ ملتا ہے لیکن ویدوں میں انبیاء میں سے صرف حضرت آدمؑ اور حضرت نوحؑ کے تذکرے ملتے ہیں۔ آسمانوں کے رسولِ اول ہونے کی حیثیت سے حضرت آدمؑ کی

تفصیلات ملتی ہیں یا پھر ان کے علاوہ حضرت محمد ﷺ کی بعثت کی پیشن گوئیاں بھی ہر مقدس صحیفے میں ہیں۔ انبیاء میں سے صرف حضرت نوحؑ سے آگے کسی نبی کا بیان نہ پایا جانا اس بات کا ثبوت ہے کہ وید نہ تو حضرت نوحؑ سے پہلے کے صحیفے ہیں اور نہ ان کے دور کے بعد کے، قرآن گواہ ہے کہ حضرت آدم علیہ السلام سے لے کر خاتم النبیین ﷺ تک ہر پیغمبر دین فطرت ہی کی دعوت لے کر مبعوث ہوا، دین فطرت کو اسلام کہا گیا ہے۔ جب بھی کسی قوم نے اس پیغامِ فطرتِ ازلی سے انحراف کیا تو وہ خود ہی ممسوخ الفطرت ہو گئے اور اپنے لئے الگ الگ نام گھڑ لئے۔ الگ الگ فرقہ بنا کر فطرت کے دریائے رواں سے جدا ہوتے گئے اور اپنے اپنے فرقے پر نازاں ہوتے رہے۔

کل حزبٌ بمالدیھم فرحون۔

یہ الگ الگ فرقہ جات خود کو عیسائی کہتے رہے، یہودی کہتے رہے اور پچھلے انبیاء کی امتوں نے اپنے نام ہندو بدھ اور زرتشت رکھ لیے۔ دراں حالیکہ قدیم اہلِ ہند میں دراوڑ قوم حضرت نوحؑ کی امت ہیں اور آریہ النسل لوگ حضرت ابراہیمؑ کی امت ہیں، خود کو بدھ کہنے والے دراصل حضرت ذوالکفل (گوتم بدھ) کی امت ہیں۔ گوتم بدھ دینِ فطرت سے منحرف اہلِ ہند کو واپس فطری دھارے میں ڈالنے کے لئے مبعوث ہوئے۔ ان کی تبلیغ بت پرستی کے خلاف تھی۔ مگر ستم ظریفی دیکھیں کہ ان ہی کے سب سے زیادہ بت گھڑ لیے گئے۔

حق کی تڑپ رکھنے والا جس مذہب میں بھی پیدا ہو، جب وہ عقلِ سلیم کے ساتھ اپنی آسمانی کتابوں کا مطالعہ کرتا ہے اور اس کی نظر رسومات کے طومار کو چیرتی ہوئی حقیقت پر جا پڑتی ہے تو وہ کلمہ توحید لا الہ الا اللہ محمد الرسول اللہ کی شہادت دیئے بغیر نہیں رہ سکتا۔ یہی وجہ ہے کہ مطلب پرست، شقی القب، مذہب کے اجارہ داروں نے حق کو عوام کی

نظروں سے چھپانے کے لئے طرح طرح کے حیلے بہانے اور رسومات ایجاد کیں۔ کبھی کہا گیا کہ وید صرف برہمن پڑھ سکتے ہیں۔ اگر شودر سن بھی لیں تو ان کے کانوں میں پگھلا ہوا سیسہ ڈال دیا جائے۔ کبھی قانون وضع کیا گیا کہ وید کا فلاں اور فلاں باب عام برہمن بھی نہیں دیکھ سکتے، یہ حق صرف ان براہمنوں کا ہے جو پروہت کے منصب پر فائز ہوں۔ ظاہر ہے جس وید میں کلمہء توحید اور نماز کا ذکر ہو وہ عوام کے سامنے کیسے کھولی جا سکتی ہے۔ عوام تو پکار اٹھیں گے کہ یہ وہی مذہب ہے جس پر مسلمان عمل پیرا ہیں۔

کاروبارِ ابلیس تفرقے میں چلتا ہے۔ پیغامِ وحدت پر بنی نوع انسان کو اکٹھا ہونے سے روکنے کے لئے وہ اپنے چیلوں، چانٹوں، فرقہ پرست ملاؤں، پروہتوں اور پادریوں کو لے کر سرگرمِ عمل ہے کیونکہ اسے اپنے رب کے ساتھ کیا ہوا وعدہ بھی تو پورا کرنا ہے کہ وہ ایک گروہِ کثیر کو اغوا کرے گا۔ اغوا یہی ہے کہ دین کے نام پر بے دینی کی خارزار "وادی الیھیمون" میں لے جائے۔ مسافر وہاں کی سیر کرتا رہے اور یہ سمجھے کہ وہ فردوسِ بریں میں ہے۔

زیرِ نظر کتاب ایک ہندو پروفیسر کی دعوتِ حق کی داستان ہے۔ جب اس عقلِ سلیم رکھنے والے نے ویدوں میں غوطہ لگایا تو اس پر منکشف ہوا کہ دینِ حق در حقیقت ایک ہی ہے، خدا کے رسول ایک ہی پیغام توحید لے کر آئے، ویدوں میں جس آخری پیشوا، پیغمبر، اوتار کا ذکر ہے وہ در حقیقت نبی کریم حضرت محمد ﷺ کی ذاتِ بابرکات ہے۔

اس نے ایک طرف ویدوں میں مذکور "کلکی اوتار" کی خصوصیات کو سامنے رکھا اور دوسری طرف سیرتِ طیبہ ﷺ پر نظر ڈالی تو اس پر درِ حقیقت وا ہوا کہ ویدوں کے ماننے والوں پر یہ لازم ہے کہ وہ درِ نبی ﷺ پر جھک جائیں۔۔۔ اور اگر یہ جان کر بھی وہ نہیں جھکتے تو ناستک (کافر) کہلائیں گے۔

یہ مثال بعینہ ایسے ہے جیسے یہودی اور عیسائی اپنی آسمانی کتب میں نبی آخر الزماں ﷺ کا ذکر پڑھتے آئے اور جب آپ مبعوث ہوئے تو بجائے اسلام لانے کے یہودی اور عیسائی رہ گئے۔ انجیل مقدس میں آپ ﷺ کا ذکر آیا۔ کہیں فارقلیط کے نام سے پکارا گیا کہیں احمد ﷺ کہا گیا اور کہیں مقامِ بعثت کھجوروں والی زمین (بلد الامین) کا اشارہ دیا گیا، تلاشِ حق کی تڑپ رکھنے والے بالآخر پہنچ گئے اور سراجِ منیر ﷺ کے گرد پروانہ وار طواف کرنے والی صحابہ کی کہکشاں کا حصہ بن گئے۔ فارس سے سلمان فارسی آئے روم سے صہیب آئے اور حبش سے بلال آئے، فصیح البیان عربوں نے بلال کا عجمی تلفظ قبول کیا۔ محمدُ الرسول اللہ کی بجائے محمدَ الرسول اللہ اذان کا حصہ بنا۔

مجرد توحید کے قائل تو بہت ہیں۔۔ پھرتے ہیں بنوں میں مارے مارے۔۔ ان میں فلسفی بھی ہیں، سائنسدان بھی ہیں او مستشرقین بھی۔ ایمان بالتوحید اس توحید کو کہتے ہیں جو توحید بالرسالت ہو۔ درحقیقت رسول کا انکار ہی توحید کا انکار ہے۔ توحید کے پیغمبر کا انکار ہی توحید کا انکار ہے۔ جب رسول کی نشاندہی ہو گئی تو الٹے پاؤں پھرنے والا کافر کہلائے گا۔ اس لیے کہ درِ رسالت ہی درِ توحید ہے۔

باب نمبر ۱

تمہید

پیش نظر تحقیقی کتاب میں قدیم ہندوستانی اور اسلامی روایات کے امتزاج کو پیش کیا گیا ہے۔ اسلامی روایات میں جو مقام رسولوں، نبیوں یا پیغمبروں کا ہے وہی مقام ہندوستانی روایات میں اوتاروں کا ہے۔ مسلمان حضرت محمد ﷺ کو آخری نبی خاتم النبین ﷺ مانتے ہیں اور ہندوستان میں کلکی کو آخری اوتار کہا گیا ہے۔ دیگر ممالک میں صرف پیغمبر آئے اور ہندوستانی روایات میں صرف اوتار، یہ کیسے ممکن ہے؟ جبکہ ساری زمین اللہ کی ہے۔ اس میں تکلف (ویشمئے) کی کوئی گنجائش نہیں۔ تمام ممالک کے ادب میں اپنے ملک کی عظمت و توصیف لکھی گئی ہے لہذا کوئی ملکی یا غیر ملکی اپنے ملک کو پست نہیں کہے گا۔ پیغمبر عرب میں ہی آئے ہیں، ہندوستان میں نہیں۔ اور اوتار صرف ہندوستان میں آئے دیگر ممالک میں نہیں، یہ دونوں یک طرفہ خیال ہیں۔ حضرت محمد ﷺ آخری نبی ہیں، اس حقیقت کو جان کر مجھے شوق پیدا ہوا کہ کلکی اوتار کے متعلق سیرت کا مطالعہ پُرانوں میں کیا جائے۔ ہندوستانی روایات کے مطابق پہلے کچھ کلیوگ (دور) گزر چکے ہیں۔۔۔ موجودہ کلیوگ (دور) میں جو واقعات رونما ہوں گے ان کی مطابقت میں نے حضرت محمد ﷺ کی حیاتِ طیبہ سے کی تو تقریباً یکساں پائی گئی۔ میں نے صرف اسی مقصد کے تحت اس تحقیقی کام کو ہاتھ میں لیا ہے کہ باذن اللہ کلام اللہ کی تبلیغ ہو۔ یہ واضح طور پر نہیں

کہا جاسکتا کہ اس سے پیشتر کسی نے اس موضوع پر کچھ نہیں لکھا، لیکن کتاب سرور عالم سے یہ ظاہر ہوتا ہے کہ حضرت محمد ﷺ اور کلکی اوتار ایک ہی وجود ہیں، ملک و بیرونِ ملک اس تحقیق نامہ کی شہرت ہوگی کیونکہ یہ کتاب اللہ کی مدد سے لکھی گئی ہے۔ اس میں جو مدلل حقائق ہیں وہ میرے خیالات نہیں بلکہ ویدوں اور پرانوں کے حقائق ہیں یا مجھ میں دی گئی ترغیبِ خداوندی ہے۔

نام سے کوئی شخص ہندو، مسلمان یا عیسائی نہیں ہو سکتا۔ مثلاً اگر "سراج الحق" کو "ستیہ دیپ"، "عبداللہ" کو "پنڈت رام داس" یا "رام یش" اور "عبدالرحمٰن" کو بھگوان داس کہوں گا تو بے جا نہ ہوگا کیونکہ ان ناموں کا سنسکرت مفہوم یہی ہوتا ہے۔ میرے نام کا عربی ترجمہ "نور الھدیٰ" ہے۔ اگر وہ چاہیں تو مجھے نور الھدیٰ بھی کہہ سکتے ہیں، اللہ تعالیٰ سے میری دعا ہے کہ میری تحقیقی کتاب لوگوں میں نیک خیالات پیدا کرے اور بنی نوع انسان فلاح یاب ہو۔

کلکی اور حضرت محمد ﷺ کے تقابلی مطالعہ کو پڑھ کر لوگوں کو یہ مغالطہ نہ ہو کہ حضرت محمد ﷺ کی سیرتوں کی بنیاد پر کلکی کی خیالی روداد بنائی گئی ہے۔ میں نے جن قدیم مذہبی کتب کا سہارا لیا، ان میں پرانوں کے دورِ تصنیف کو اندرونی و بیرونی دلائل سے ثابت کروں گا کیونکہ پرانوں کے دورِ تصنیف کے مسئلہ میں کوئی مصنف یقینی فیصلہ پر نہیں پہنچا۔ مغربی مورخین نے "شروت سوتروں" اپنشدوں اور پرانوں کی تصنیف کے دور کا تعین کرتے وقت جگہ جگہ لفظ شکیہ (شاید) بکثرت استعمال کیا ہے جو ان کے تعین کے غیر یقینی ہونے کی علامت ہے۔ پہلے میں پرانوں کے عہدِ تصنیف کے متعلق مغربی علماء کی رائے پیش کروں گا۔ اس کے بعد نفسِ مضمون کی ابتداء ہوگی۔ ڈبلیو ایل لانگر کے مطابق پرانوں کا عہد عیسیٰؑ کے چار سو سال بعد کا ہے ان کے خیال کے مطابق رامائن اور

مہابھارت کی تصنیف دو سو سال قبل مسیح ہوئی ہے۔لانگر صاحب کے قول میں مندرجہ ذیل تضادات ہیں:۔

ا:۔ رامائن کے مصنف والمیکی اور مہابھارت کے مصنف وید ویاس کی ہم عصری کی تائید، رامائن اور مہابھارت کی تصنیف کی ہم عصری سے ہوتی ہے مگر یہ حقائق سے مغائر ہے۔ کیونکہ قدیم شاعر والمیکی، ویاس جی کے ہم عصر ہر گز نہیں ہوسکتے۔ کیونکہ والمیکی رام جی کے ہم عصر ہیں۔ ثبوت یہ ہے کہ رام جی کی اہلیہ سیتا کی حفاظت والمیکی جی نے اپنے خانقاہ میں کی علاوہ ازیں والمیکی جی نے اپنی بلند پایہ نظم کی تکمیل بھی اپنی خانقاہ میں کی ہے۔ان دونوں باتوں سے تائید ملتی ہے کہ والمیکی جی رام جی کے ہم عصر ہیں۔

۲:۔ رام جی کا دورِ حیات "تریتا یگ" ہے۔لہذا تریتا یگ میں ہی والمیکی جی کے ذریعے رامائن کی تصنیف ہونا ثابت ہے، جبکہ "دواپر یگ" میں وید ویاس جی نے مہابھارت کی تصنیف کی۔

۳:۔ حضرت عیسیٰؑ کی شک راج سے ملاقات کا ذکر بھوشیہ پران میں ہے اور شک راج، وکرم آدتیہ کا جانشین تھا۔لہذا وکرم آدتیہ کا عہد قبل مسیح ثابت ہوتا ہے۔ وکرم آدتیہ کے عہد میں رامائن، مہابھارت اور پران عقیدت کے موضوعات تھے۔ چنانچہ مندرجہ بالا تین دلائل سے ثابت ہوتا ہے کہ لانگر کا قول غلط ہے۔

زبان کے اعتبار سے پران، پاڑنی سے بہت قدیم ہیں۔ کیونکہ یہ زبان پاڑنی کے مدون کردہ نحوی بندشوں سے آزاد ہے اور سنسکرت الفاظ کا استعمال "آرش" یعنی مروج نحوی قواعد کے خلاف ہے۔ یہ طریقہ ویدک اور مادی سنسکرت کے وسطی عہد کا ہے۔ لانگر کے قول کے مطابق پاڑنی کا عہد (۳۵۰) سال قبل مسیح تا (۳۰۰) سال قبل مسیح کا وسط ہے ولاوہ ازیں گوتم بدھ جی کا عہد (۵۶۳) قبل مسیح تا (۴۸۳) قبل مسیح کا وسط ہے

اور بدھ مذہب کی کتب سے ثابت ہے کہ گوتم بدھ نے اپنے مذہب کی تبلیغ "پالی" زبان میں کی تھی جو اس عہد کی عام زبان تھی چونکہ زبان کی ترقی پذیری کے سبب سنسکرت زبان بگڑ کر پالی، پالی سے پراکرت، پراکرت سے اب بھرنش (بگڑی) اور آج ہندی ہو گئی۔ سنسکرت زبان کا عہد گوتم بدھ سے بھی قدیم ثابت ہوتا ہے۔

زبانوں کی تبدیلی کے لئے ہزاروں سال درکار ہوتے ہیں۔ گوتم بدھ سے پہلے نحوی قواعد سے مزین سنسکرت زبان عام گفتگو میں مستعمل تھی۔ ان مروج نحوی قواعد کے بانی "پانڑنی" کا دور گوتم بدھ کے دور میں ایک ہزار سال جمع کرنے پر تقریباً(۱۵۶۳) سال قبل مسیح سنسکرت کا زمانہ ثابت ہوتا ہے۔ پانڑنی کے اصولوں کی تخلیق سے بھی ثابت ہوتا ہے کہ اس عہد میں فنِ تحریر کی نایابی کے سبب حفظ کرانے کا طریقہ رائج تھا، جو کچھ اصولوں کے ذریعہ آسان تھا۔ پرانوں کی زبان پانڑنی سے بھی قدیم ہے۔ لہذا آرش سنسکرت میں پرانوں کی تصنیف (۲۵۰۲) تا(۱۵۶۳) قبل مسیح کے وسط میں ثابت ہوتی ہے۔

یہ تو ہوئے بیرونی ثبوت جو تقریباً بے بنیاد ہیں۔ کیونکہ تمام علماء کی آرا مشکوک ہیں اور وہ آرا قائم کرتے وقت مشکوک الفاظ کا استعمال کرتے ہیں مثلاً شاید، ممکن ہے، یا سوالیہ نشان وغیرہ۔ لہذا اب ہم پرانوں کی اندرونی شہادتوں کی بنیاد پر پرانوں کا عہدِ تصنیف پیش کرتے ہیں۔

اٹھارہ پرانوں میں ایک بھوشیہ پران بھی ہے جس میں پیش گوئیاں ہیں۔۔۔ غرض یہ کہ بلاشبہ پرانوں کی آرش بھاشا مادی سنسکرت سے اعلیٰ ہے۔ بھگوت پران کے بارہویں اسکند دوسرے ادھیائے میں کلکی کی ولادت کی پیش گوئی مذکور ہے اور ان کی خصوصیات کا بھی ذکر ہے۔ پہلے اسکند ربھاگوت میں بھی چوبیس اوتاروں کے موضوع کے تحت کلکی

کو آخری اوتار کہا گیا ہے بھوشیہ پران پرتی سرگ پرو میں ویدویاس رشی نے مستقبل ہونے والے واقعات کی ابتدا آدمؑ سے کرتے ہوئے رقم طراز ہیں:۔ "اے من! مستقبل میں پیش ہونے والے کلیوگ کے تمام حالات کی نظم سوت جی سے سن کر اطمینان پاؤ۔ نوح کے عہد سے سنسکرت زبان کا زوال شروع ہوا۔ وجہ یہ ہوئی کہ وشنو نے سرور کے عالم میں سنسکرت زبان میں تحریر کردہ ایک بری اور نامناسب تحریر نوح علیہ السلام کو دی۔ اس بھاشا کا نام ملیچھ بھاشا رکھا گیا۔ نوح کے تین بیٹے ہوئے۔ سام، حام اور یاقوت (یافث) یہاں سے زبان تین خاندانوں میں بٹ گئی۔ نوح علیہ السلام سے ماقبل ہونے کے سبب پرانوں کا عہدِ تصنیف (۷۸۷۲) سال قدیم ثابت ہوتا ہے جو ہر طرح ممکن ہے خواہ کچھ لوگوں کو اعتراض ہی کیوں نہ ہو۔

پرانوں کے عہد میں چار طبقے تھے لیکن یہ ذاتوں کی نہیں بلکہ صفات و عمل کی تقسیم تھی۔ برہمن کے گھر میں پیدا ہونے والا اپنی صفات و عمل کی بنا پر شودر بن جاتا ہے اور شودر اپنی صفات و عمل کی بنا پر برہمن بن جاتا تھا۔ جب مخلوق کا پروردگار ایک ہے تو ذاتوں میں فرق کیسے ممکن ہے۔ انسان کے چلنے پھرنے کا عمل، دکھ سکھ، جسم، بال، کھال، خون، گوشت، ہڈی، مغز اور کیمیا (رس) وغیرہ کے اعتبار سے تو تمام انسان یکساں ہیں۔ پھر انسانوں میں چار طبقاتی امتیاز کیسے ممکن ہیں؟ رگ وید میں جو چار طبقوں کے نام براہمن، چھتری، ویشا اور شودر مذکور ہیں۔ اس کا مفہوم یہ نہیں کہ یہ چار ذاتیں ہیں بلکہ صفات و عمل کی بنا پر چار طبقوں کا قیام برائے انتظام ہے تاکہ انسان اپنی صلاحیتوں کے اعتبار سے جس کام کو مناسب جانتا اختیار کرتا۔ پرانوں کے عہدِ تصنیف اور چار طبقاتی انتظام کے بیان کے بعد اب یہ واضح کرنا ضروری سمجھتا ہوں کہ پرانوں میں ذیلی کہانیوں کی گنجائش نہیں ہے کیونکہ بھاگوت پران کے ایک باب میں اٹھارہ پرانوں کے شلوکوں کی تعداد کا ذکر ہے

جس کے سبب کسی کی جرات نہیں کہ ایک شلوک بھی بڑھادے۔

اب میں اللہ کا نام لے کر آخری اوتار (حضرت خاتم النبین ﷺ) کا بیان کروں گا۔ جس کی ہدایت مجھے پروفیسر وددودرے سرسوتی پرساد چتر ویدی سابق صدر صیغہ ء سنسکرت (پریاگ یونیورسٹی) اور ایک ہزار آٹھ سوانی شری راما نند جی سرسوتی سے ملی ہے۔ لہذا میں ان دونوں عالم ہستیوں کا مشکور ہوں۔

مولف۔۔۔۔ ڈاکٹر وید پرکاش اپادھیائے، ایم اے۔ ایل ایل بی۔ ڈی لٹ۔ ایم اے (سنسکرت وید) محقق صیغہ سنسکرت (پریاگ یونیورسٹی)

باب نمبر ۲
اوتار کے معنی

اوتار لفظ حرفِ سابقہ "او" کے ساتھ "تر" مادہ میں "گھن" لاحقہ کی ترکیب سے بنا ہے۔ اوتار لفظ کے معنی ہیں "زمین پر آنا"۔ "ایشور کا اوتار" ترکیب کے معنی یہ ہوتے ہیں:۔ "لوگوں کو خدا کا پیغام سنانے والے بزرگ کا زمین پر مبعوث ہونا"۔

اللہ ہر شئے پر محیط ہے۔ اس کا کسی متعین مقام پر رہنا اور وہاں سے کہیں آنا جانا، گویا اس غیر محدود کو محدود قرار دینا ہے۔ وہ جہاں جس شان سے چاہتا ہے اپنے نور کو عیاں کرتا ہے اور جہاں وہ نہ چاہے عیاں نہیں ہوتا ہے۔ جیسے یخ برستے موسم میں سورج کی روشنی ماند نظر آتی ہے، در حقیقت سورج کی روشنی میں کوئی کمی نہیں رہتی۔ بلند آسمانوں میں بلند ترین آسمان پر اس کا مقام سب سے اعلیٰ ہے جہاں نہ سورج چمکتا ہے نہ چاند تارے نظر آتے ہیں۔ وہاں اللہ کا نور اس قدر روشن ہے کہ سورج اور چاند کی روشنی میں اس کی کوئی مثال نہیں ہے۔ جس طرح سورج کی روشنی سے تمام سیارے روشن ہیں اسی طرح اس بزرگ و برتر اللہ کے نور سے تمام کے تمام عالم منور ہیں۔ اسی سے وابستہ یعنی اس کا کوئی محبوب و معزز بزرگ لوگوں کی فلاح و نجات کے لئے سطح زمین پر مبعوث ہوتا ہے یا روئے زمین پر مطہر قلب و نیک سیرت لوگوں کو علم و کلام سے سرفراز فرما کر انہیں خدا کے نور کا مشاہدہ کراتا ہے۔ برایں سبب وہ بندہ علم لدنی پاتا ہے۔

ایشور کا اوتار "اس ترکیب میں لفظ "کا" اضافی ہے۔ ایشور سے وابستہ کون ہو سکتا ہے ؟اس سے وابستہ اس کا بندہ ہی ہوتا ہے۔ رگ وید میں ایسے شخص کو "کیری" کہا گیا ہے۔ کیری لفظ کے معنی "ایشور کی تعریف کرنے والا" کے ہوتے ہیں اور عربی میں اس کا ترجمہ "احمد" ہوتا ہے۔ اشکال یہ ہے کہ اس طرح تو جتنے بھی اللہ کی تعریف کرنے والے ہیں کیا سبھی احمد کہلائیں گے ؟ لیکن ایسا نہیں ہے۔ اللہ کی سب سے بڑھ کر تعریف کرنے والے پر لفظ کیری یا "احمد" لفظ صادق آتا ہے۔ آدمؑ بھی اللہ کی تعریف کرنے والے تھے مگر ان کا نام احمد نہیں ہوا اور جو لفظ جس وجود کے لئے مشہور ہو جاتا ہے اسی سے وجود کا علم ہوتا ہے۔ مفہوم یہ ہے کہ اللہ سے وابستہ ہر شخص کیری (احمد) نہیں ہو سکتا۔ یہاں ہمیں نبیوں اور اوتاروں کی تاریخ بیان کرنا مقصود نہیں ہے بلکہ صرف آخری اوتار (خاتم النبیین ﷺ) کا ذکر کرنا مقصود ہے۔ میں یہ بتانا ضروری سمجھتا ہوں کہ سنسکرت زبان میں "اوتار" انگریزی میں "پرفٹ" اور عربی زبان میں "نبی" دنیا کے نجات دہندہ کو کہتے ہیں۔ ہر ملک و قوم کے لئے علیحدہ علیحدہ اوتار ہوئے ہیں۔ کیونکہ ایک اوتار (نبی) سے تمام ملکوں اور قوموں کی بھلائی غیر متوقع ہے لیکن آخری اوتار (خاتم النبیین ﷺ) کی بات اور ہے۔ کیونکہ جب ان کا ظہور ہو گا تب اس کا دین تمام اقوام و اوطان میں پھیل جائے گا۔ اب ہم اوتار کے اسبابِ نزول پر غور کریں گے۔

باب نمبر ۳

اوتار کے اسبابِ نزول

۱:۔ لوگوں کا ذوقِ لامذہبیت اور دین کے حقیقی تقاضوں سے دوری

۲:۔ حصولِ خواہشات کے لئے دین میں بدعت پیدا کرنا۔

۳:۔ دین کے نام سے بے دینی کرنا۔

۴:۔ ناواقف لوگوں کو دین کی صورت میں بے دینی کا پیغام دینا۔

۵:۔ اللہ کے بندوں کو ایذا دینا۔

۶:۔ ظلم اور گناہوں کی کثرت ہو جانا۔

۷:۔ بے انتہا تشدد، نراج اور بغاوت کا پھیل جانا۔

۸:۔ دین کو شکم پروری اور کنبہ پروری کی حد تک محدود کرنا۔

۹:۔ عطایاتِ خداوندی کا بے جا و خطرناک طور پر استعمال کیا جانا۔

۱۰:۔ فقراء مومنین کی حفاظت اور بدکاروں کی تباہی کیلئے۔

۱۱:۔ دین کا تباہی کے قریب ہو جانا۔

۱۲:۔ لوٹ، قتل وغارت گری کا بڑھ جانا۔

۱۳:۔ بہ تقاضائے زمانہ لوگوں کا ذوق، اور ان کے لئے دیئے گئے پیغامِ دین کی شکستگی دیکھ کر دین کے قدیم اصولوں کی تجدید اور ان پر عمل کروانے کیلئے۔

مذکورہ بالا اسباب کے پیش آنے پر اوتار (نبی) کا نزول ہوتا ہے۔

باب نمبر ۴

آخری اوتار کی بعثت کے اسباب

اوتار (نبی) کے نزول کے اسباب کی مختصر تحقیق کے بعد اب ہم آخری اوتار (حضرت خاتم النبیین صلی اللہ علیہ وسلم) کی بعثت کے اسباب سے واقف کروائیں گے۔

۱:۔ بربری شہنشاہیت اور عوام کا وحشیانہ خیال ہو جانا اور اپنی نفسانی برتری کے مقابل دوسروں کی جانوں تک کی لاپرواہی کرنا اور حکمرانوں میں بدکارانہ روش، محصولات میں بے تکے اضافے، دینِ حق کے مبلغین پر سنگباری کرنا۔

۲:۔ درختوں میں پھول، پھل کی نایابی اور کمی ہونا۔

۳:۔ دریاؤں مین پانی کی کمی ہونا۔

۴:۔ بے دینی کا عروج اور دوسروں کو مار پیٹ کر ان کی دولت لوٹ لینا، عام طور پر لڑکیوں کو قتل کر کے دفن کرنا۔

۵:۔ نسلی امتیاز کی توسیع، یکسانیت کے احساسات کا ختم ہونا، اعلیٰ، ادنیٰ (چھوت چھات) یعنی لامساس کی لعنت مین گرفتار ہونا۔

۶:۔ غیر اللہ کی پرستش، اگرچہ کائنات کا خالق ایک ہی اللہ ہے مگر اس کے سوا دیوی دیوتاؤں کی پرستش، درختوں، پودوں اور پتھروں کو ہی خدا سمجھنے کا مشرکانہ رجحان

عام ہونا۔

۷:۔ بھلائی کی آڑ میں برائی، بھلائی کے وعدے سے فریب دے کر نقصان پہنچانا۔

۸:۔ حسد و عداوت، تصنع، ریاکاری وغیرہ کا عام ہونا اور لوگوں میں ہمدردی کا فقدان، باہم معاندانہ خیال سے دیکھنا، اللہ پر ایمان کا فقدان، مومنانہ وضع قطع برائے ریاکاری اختیار کرنا گویا کہ وہی اہل اللہ ہیں۔

۹:۔ دین کے نام سے بے دینی کرنا۔ دینی سے حقارت اور بے دینی سے رغبت وغیرہ۔

۱۰:۔ فقراء مومنین کی حفاظت کے لئے اور نیک لوگوں کے معاشرے میں بدحال ہونے پر ان کے حفاظت کیلئے۔

۱۱:۔ اللہ کی اطاعت کا فقدان، لوگوں میں اللہ کا کلام سے عقیدت کا نہ ہونا اور احکامِ خدا کی نافرمانی کرنا وغیرہ۔

جب ایسے حالات دنیا میں برپا ہوں گے تب آخری اوتار (حضرت خاتم النبیین صلی اللہ علیہ وسلم) کی بعثت ان تمام برائیوں کو مٹانے کے لئے ہوگی۔

باب نمبر ۵
آخری اوتار کی خصوصیات

ا:۔ شہسواری

پرانوں میں آخری اوتار کے مضمون میں جہاں کہیں بھی ذکر آیا ہے، ان کی سواری گھوڑا ہی بتائی گئی۔ وہ گھوڑا تیز رفتار ہو گا۔ گھوڑے کی خوبی کے بیان میں "دیودت" نام آیا ہے۔ جس کے معنی ہیں 'دیوتا' (فرشتہ) کے ذریعے دیا گیا۔

۲:۔ شمشیر برداری

سواری کے علاوہ آخری اوتار کو شمشیر بردار بھی کہا گیا ہے۔ بدکاروں کا خاتمہ آخری اوتار کی شمشیر سے ہو گا، نہ کہ ایٹم بم وغیرہ سے۔

قابلِ غور بات یہ ہے کہ یہ ایٹمی دور ہے نہ کہ دورِ شمشیر۔ اوتار کی سب سے بڑی خصوصیت یہ ہوتی ہے کہ وہ اپنی وضع قطع اور اسلحہ بہ لحاظِ اقتضائے زمان و مکاں رکھتا ہے یعنی وہ جس قوم میں پیدا ہوتا ہے اسی قوم کے موافق اپنی وضع قطع بھی رکھتا ہے۔

۳:۔ اشٹ ایشویہ گنانوت

اس میں آٹھوں صفاتِ اعلیٰ (تقویٰ) کا حامل ہونا پرانوں میں مذکور ہے۔

۴:۔ جگت پتی

(جہاں کے مولا) پتی لفظ "پا" حفاظت کرنا، مادہ میں "دتی" لاحقہ کی ترکیب سے بنا ہے۔ "جگت پتی" کے معنی عالم کی حفاظت کرنے والا ہوتا ہے۔

۵:۔ اسادھو ومن

آخری اوتار کا سب سے بڑھ کر قابلِ تعریف وصف یہ ہے کہ وہ بدکاروں کو ہی مارے گا۔ نہ کہ اچھے لوگوں کو۔

۶:۔ چار بھراتاؤں کے ساتھ

بھراتا۔ یعنی مددگار، آخری اوتار کے چار مددگار ہوں گے۔ جو ہر طرح سے اس کی مدد کریں گے۔

۷:۔ دیوتاؤں (ملائکہ) کے ذریعے ان کی مدد

دین کی توسیع اور بدکاروں کی ہلاکت میں مدد دینے کے لئے آسمان سے ملائکہ کا نزول ہوگا۔

۸:۔ کلی بھگانے والا

کلی کے معنی لڑانے والا ہوتے ہیں۔ اسی طرح لفظ شیطان کے معنی بھی لڑانے والا

ہوتے ہیں۔ آخری اوتار سے کلی یعنی شیطان کو شکست ہو گی۔

۹:۔ اپر تیم دیوتی

(بے مثل حسین) آخری اوتار کے جسم میں اتنی زیادہ رونق ہو گی کہ جس کی مثال نہیں دی جاسکتی اور نہ ہی اس کی مانند اور کوئی اوتار ہی ہوا ہے۔

۱۰:۔ نرپ لنگ چھد وسیون

(راجاؤں کے بھیس میں چھپے ہوئے چوروں کی تباہی) آخری اوتار کی نسبت بھاگوت پران میں لکھا ہے کہ وہ راجاؤں کے بھیس میں چھپے ہوئے چوروں کا خاتمہ کرے گا۔

۱۱:۔ انگ راگاتی پنیہ گندھا

(جسم سے خوشبوئے بدن نکلنا) آخری اوتار کے جسم سے خوشبو نکلے گی۔ جو ہوا مین شامل ہو کر لوگوں کے قلوب کو پاک کرے گی۔

۱۲:۔ بہت بڑے سماج کا اپدیشک بننا

عظیم معاشرہ کا ناصح آخری اوتار عظیم معاشرہ کا نجات دہندہ ہو گا۔ دین سے دور پڑے ہوئے ظالموں کا قلع قمع کر کے انہیں سیدھی راہ پر لگائے گا۔

۱۳:۔ مادھوماس کی دوادشی شکل پکش میں جنم

آخری اوتار کی ولادت زائد النور (بار ہویں تاریخ) مادھو ماس یعنی ربیع الاول میں ہو گی۔ یہ کلکی پران میں لکھا ہے۔

۱۴:۔ شمبھل کے پردھان پروہت کے گھر میں ولادت

شمبھل کے صدر پروہت وشنویشا کے یہاں ولادت ہو گی اور والدہ کا نام سومتی ہو گا۔

یہ تمام خصوصیات آخری اوتار میں ہوں گی۔

باب نمبر ۶

آخری اوتار کا زمانہ

ہندوستان کی مذہبی کتب میں زمانے کو چار حصوں میں تقسیم کیا گیا ہے۔

۱:۔ ست یگ

اس زمانہ کا نام کرتا یگ بھی ہے اس کی مدت سترہ لاکھ اٹھائیس ہزار (۱۷۲۸۰۰۰)سال ہے

۲:۔ تریتا یگ

ست یگ کے بعد تریتا یگ آتا ہے، جس کی مدت بارہ لاکھ چھیانوے ہزار (۱۲۹۶۰۰۰)سال ہے۔

۳:۔ دواپر یگ

تریتا یگ کے بعد دواپر یگ آتا ہے۔ جس کی مدت آٹھ لاکھ چونسٹھ ہزار (۸۶۴۰۰۰)سال ہے۔

۴:۔ کلیوگ

کلیوگ کی مدت چار لاکھ بتیس ہزار (۴۳۲۰۰۰)سال ہے۔

اوتار (رسول) مستقبل میں ہوگا لیکن اوتار کے آنے سے پہلے ہی مظالم سے دب
کر زمین پانی میں غرق ہو جائے تو مستقبل میں آنے والے اوتار سے فائدہ ہی کیا ہے۔

گیتا میں مذکور ہے

ترجمہ :۔

تنزل میں جس وقت آتا ہے دھرم

ادھرم آ کے کرتا ہے بازار گرم

یہ اندھیر جب دیکھ پاتا ہوں میں

تو انساں کی صورت میں آتا ہوں میں

یعنی ایسے وقت میں اوتار کا نزول ہوتا ہے۔

بھلوں کو بروں سے بچاتا ہوں میں

بروں کو جہاں سے مٹاتا ہوں میں

جڑیں دھرم کی پھر جماتا ہوں میں

عیاں ہو کے یگ یگ میں آتا ہوں میں

اب قابلِ غور بات یہ ہے کہ جن حالات کے بعد اوتار کا نزول ہوتا ہے کیا وہ
حالات گذر رہے ہیں؟ یہ طے شدہ مسئلہ ہے کہ آخری اوتار کلیوگ میں ہوگا۔ اور کلیوگ
کی ابتدا کو پانچ ہزار انہتر سال ہو گئے ہیں۔ آخری اوتار کا زمانہ تقریباً گزر جانے کے
قریب ہے یا کچھ گزر جانے کے قریب ہے۔

دوسرا قابل غور مسئلہ یہ ہے کہ آخری اوتار اس زمانے میں ہو گا جبکہ جنگوں میں تلواروں اور گھوڑوں کا استعمال کیا جات ہے۔ کیونکہ بھاگوت پران میں مذکور ہے کہ دیوتاؤں (ملائکہ) کے ذریعے عطاشدہ تیز رفتار گھوڑے پر سوار ہو کر آٹھوں اعزازات و خصوصیات والے آقائے کائنات تلوار سے بدکاروں کا خاتمہ کریں گے۔ یہ تلواروں اور گھوڑوں کا دور نہیں ہے۔ یہ ایٹم بم اور ٹینکوں وغیرہ کا دور ہے۔ تلوار اور گھوڑوں کا زمانہ ختم ہو چکا ہے، جبکہ آخری اوتار کا قیام شمشیروں اور گھوڑوں کے زمانے میں ہونا ہی ثابت ہوتا ہے۔ آج سے چودہ سو سال پیش تر گھوڑوں اور تلواروں کا استعمال جاری تھا اور تقریباً اس کے سو سال بعد عرب میں سوڈا اور کوئلے کے اشتراک سے بارود تیار ہونے لگی۔

تاریخ ولادت کا تعین

یہ بھی ضروری ہے، کلکی پران میں آخری اوتار کی ولادت مادھو ماس (ربیع الاول) زائد النور بارہ تاریخ بتائی گئی ہے۔

باب نمبر ۷
مقام کا تعین

یہ بات تو مسلمہ ہے کہ آخری اوتار کے ظہور کا مقام "شمبھل گرام" ہو گا۔ صرف گاؤں کے نام سے اطمینان ممکن نہیں جب تک اس کی مکمل توضیح نہ ہو۔ پہلے یہ طے کرنا ضروری ہے کہ شمبھل کسی گاؤں کا نام ہے یا اس کی صفت؟

شمبھل کسی گاؤں کا نام نہیں ہو سکتا۔ کیونکہ اگر یہ کسی گاؤں کا نام ہوتا تو اس کی صفت بھی بتائی جاتی۔ لیکن پرانوں میں کہیں شمبھل گرام کی کیفیت نہیں بتائی گئی۔ بھارت میں تلاش کرنے پر اگر کہیں شمبھل نام کا گاؤں ملتا ہے تو آج سے چودہ سو سال پہلے کوئی ایسا انسان وہاں نہیں پیدا ہوا جو لوگوں کا نجات دہندہ ہو۔ پھر آخری اوتار کوئی کھیل تو نہیں ہے کہ اوتار (نبی خاتم ﷺ) کی بعثت ہو جائے اور قوم میں ذرہ بھر تبدیلی نہ ہو۔ لہذا لفظ شمبھل کو خصوصیت سے سمجھ کر اس کے مولد پر غور کرنا ضروری ہے۔

ا:۔ شمبھل لفظ کا مادہ "شم" ہے جس کے معنی "پرامن کرنا" کے ہیں یعنی جس مقام پر امن ہو۔

۲:۔ "شم" اور "ور" دونوں کی ترکیب سے "سم + ور = سمور" لفظ مشتق ہوا۔ قواعد کے اصول سے شمبھل لفظ کی تکمیل ہوئی۔ جس کے معنی ہوئے جو لوگوں کو اپنی جانب کھینچتا ہے یا جس کے ذریعے کسی کا انتخاب ہوتا ہے۔

۳:۔ لغت ۸۸-۱۲-۱ میں لفظ شمبر کے معنی پانی دیئے گئے ہیں۔ "ر" اور "ل" دونوں حروف یکساں ہونے کے سبب "شمبھل" کے معنی پانی کے قریب والا مقام ہوں گے۔

لوگوں کو یہ شبہ ہو سکتا ہے کہ شمبھل کے معنی پانی کے ہیں تو پانی کے قریب والا مقام یا گاؤں کے معنی کیوں اخذ ہوئے؟ اس کے جواب میں یہ کہوں گا کہ موضوع گفتگو یہاں پر مقام یا گاؤں ہے نہ کہ پانی مثلاً اگر کہا جائے "گنگا میں گھوش" اس کے معنی آپ یہ کرتے ہیں کہ گنگا کے قریب واقع گاؤں میں گھوش نہ کہ گنگا کے پانی میں گھوش۔ پھر آپ شمبھل لفظ سے ویسے ہی معنی کیوں اخذ نہیں کرتے۔ اگر گنگا میں گھوش، جملے میں نشان مانتے ہیں تو اس جملے میں بھی نشان مانئے۔

آخری اوتار کے مقام کے موضوع پر قابلِ غور مسئلہ یہ ہے کہ مقام جس کے آس پاس پانی ہو اور پر کشش اور امن دینے والا مقام ہو۔ اوتار کی سرزمین مقدس ہوتی ہے لہذا اس مقام میں بھی تقدس ہونا لازم ہے وہاں تشدد وغیرہ نہیں ہونا چاہیے۔ اس کے علاوہ وہ مقام زیارت گاہ بھی ہونی لازم ہے یعنی لوگوں کے لئے وہ دینی مقام ہو۔

"شمبھل" کے لفظی معنی بلد الامین کے ہیں۔ آخری اوتار کا سمقام، امن دینے والا، تشدد اور حسد سے پاک ہونا چاہیے۔

آخری اوتار کے لئے ضروری نہیں کہ وہ ہندوستان میں ہو اور سنسکرت یا ہندی بولے۔ اگر ہر ملک کی زبان، وضع قطع اور نام ایک ہی ہوتی ہے۔ یہ کہنا جہالت ہے کہ اوتار صرف بھارت میں ہو۔ کیا بھارت ہی ایشور کا پیارا مقام ہے؟ اور دوسرے ممالک پیارے نہیں ہیں؟ کیا دنیا صرف بھارت ہے؟ دیگر ممالک دنیا میں نہیں ہیں؟

لہذا آخری اوتار بیرونِ ہند میں بھی ہو سکتا ہے اور اس ملک کی زبان و دستور اور

وضع قطع کے مطابق اس کو چلنا ہو گا لیکن بے دینی اور بے انصافی کے خلاف۔

زمانہ کے اعتبار سے دیکھا جائے تو یہ واضح ہوتا ہے کہ بھارت میں آج سے چودہ سو سال پہلے کوئی ایسی شخصیت نہیں پیدا ہوئی جو آخری اوتار کے معیار پر پوری اترے۔

تمام پرانوں میں کلکی اوتار کا مقامِ پیدائش سمبھل بتایا ہے۔ سمبھل یا شمبھل ایک ہی معنی رکھتے ہیں۔

آخری اوتار کی بعثت کے مقام کا تعین مندرجہ بالا تفصیل کی روشنی میں کیا جائے گا۔

باب نمبر ۸

مذہبی اور معاشرتی تباہی کا دور

ہر عظیم انسان کی بعثت سے پہلے بے شمار بحرانی حالات برپا ہوتے ہیں یا یوں کہئے کہ ہمیشہ تکلیف دہ حالات کے زمانے میں اللہ کسی عظیم انسان کو مبعوث کرتا ہے۔ ہندوستان کی حالت بھی تقریباً دو ہزار سال پیشتر خراب تھی۔ قدیم ہندوستان کی تاریخ سے ثابت ہے کہ سب سے زیادہ مظالم اور زیادتیوں کا زمانہ وہ ہے جو تقریباً ۵۰۰ء سے شروع ہوتا ہے۔ ویدک دور میں بت پرستی کا فقدان تھا لیکن اس وقت مندروں میں بت پرستی کا عمل عام طور پر جاری ہوا اور بت نصب ہو گئے۔ خود مندروں کے پجاری طرح طرح کے عیوب کا سرچشمہ بن گئے تھے جو مذہبی تصنعات سے بھولے بھالے زائرین کو لوٹتے تھے۔

ویدک دور میں تمام ہندو قوم میں اتحاد و یکسانیت کا سلوک ہوتا تھا لیکن بعد میں ذات پات کے سبب اندرونی تفریق کا بول بالا ہو گیا تھا۔ ویدک دور سے جو طبقاتی نظام اپنی پسند کے مطابق صلاحیتوں کے اعتبار سے اپنانے پر تھا، اب نسلی انتظام بن گیا تھا۔ اس سے معاشرتی تنظیم پر بہت برا اثر پڑا، خواتین کو کنیزوں کا مقام دیا گیا اور دستور ایسا بنا جو براہ راست جانب داری پر تھا۔ براہمن خواہ کتنا ہی ظلم کرے، سزائے موت کا مستوجب ہرگز نہیں ہو سکتا تھا۔ پست قوم کا فرد اگر اعلیٰ طبقے کے فرد کی بیوی سے زنا کرتا تو سزائے

موت دی جاتی اور اعلیٰ طبقے کا فرد پست طبقے کے فرد کی بیوی سے زنا کرتا تو کچھ رقمی جرمانے پر بری ہو جاتا۔ اگر پست طبقے کا مرد اعلیٰ طبقے کے مردوں کو نصیحت کرتا تو اس کے منہ میں کھولتا ہوا تیل ڈالنے کا دستور تھا، گالی دینے پر اس کی زبان کاٹ لینے کا قانون تھا۔ شراب نوشی راجاؤں کی عظمت کا نشان تھی اور رانی بھی مئے کے نشے میں مخمور جھومتی تھی۔ راستوں پر زناکاروں کا جمگھٹ لگا رہتا تھا۔ تلاشِ حق جنگلوں اور پہاڑوں میں کی جاتی تھی۔ فرضی اور من گھڑت خیالات اور بھوت پریتوں کی پرستش کی جاتی تھی۔

غالباً اتنی بری حالت روم اور ایران کی شخصی حکومتوں کی بھی اس سے پہلے کبھی نہیں ہوئی تھی جتنی کہ ساتویں صدی کی ابتدا میں ہوئی تھی۔ بازنطینی شہنشاہیت کے کمزور ہو جانے سے پوری حکومت مسخ ہو چکی تھی۔ پادریوں کی بد اعمالیوں اور بدکرداریوں کا نتیجہ یہ ہوا کہ عیسائی مذہب پر انتہائی زوال آیا اور اس قدر بری حالت ہوئی کہ آج اس کا تصور بھی نہیں کیا جا سکتا۔ اگر ان بدحالیوں کا تذکرہ آج کیا جائے تو شاید ہی کوئی اس پر اعتماد کرے۔ اگرچہ ان برائیوں کے ایسے ٹھوس ثبوت موجود ہیں کہ ذرہ بھر شبہ کی گنجائش نہیں۔ باہمی ٹکراؤ اور عداوتوں کے سبب معاشرہ اپنی راہ کو بھول چکا تھا، شہروں اور قصبوں میں خون کی ندیاں بہتی تھیں۔ عیسیٰ مسیح علیہ السلام نے سچ ہی کہا تھا:۔ "میں امن نہیں لایا بلکہ تلوار لایا ہوں۔" ایسے وقت میں خطہ ٔ عرب میں حضرت محمد ﷺ کا دین اسلام اٹھا جو رومن شہنشاہیت کے تصادموں سے دور تھا۔ اس دین کی قسمت میں یہی لکھا تھا کہ یہ طوفان کی طرح روئے زمین پر چھا جائے گا اور اپنے مقابل بہت سے شہنشاہوں، حکمرانوں اور رسوم و رواجوں کو اس طرح اڑا دے گا جیسے آندھی مٹی کو اڑا دیتی ہے۔ دیگر تاریخی روایات سے یہ بھی ثابت ہے کہ حضرت محمد ﷺ کی ولادت سے قبل عیسائیوں میں کتنی برائیاں پھیل گئی تھیں۔ اسی طرح جارج میل نے قرآن کریم کے

ترجمہ کی تمہید میں لکھا ہے کہ گرجا گھر کے پادریوں نے مذہب کے ٹکڑے ٹکڑے کر ڈالے تھے اور امن، محبت اور اچھائیاں ان سے دور ہو گئیں تھیں۔ وہ اصل مذہب کو بھول گئے تھے۔ مذہب کے امور میں اپنے طرح طرح کے خیالات تراش کر باہم جھگڑتے رہتے تھے۔ اسی وجہ سے رومن گرجا گھروں میں بہت سی گمراہی کی باتیں مذہبی حیثیت سے مانی جاتیں اور بت پرستی انتہائی بے حیائی سے کی جانے لگی۔ حضرت محمد ﷺ سے پہلے عیسائی مذہب اور بت پرستی دونوں نے مل کر ایک نئ صورت اختیار کرلی، جس کے سبب عیسائیوں میں بت پرستی عام ہو گئی۔ خدائے واحد کی جگہ تین خدا معزز ہو گئے اور مریم (عیسیٰ مسیحؑ کی والدہ) کو خدا کی ماں سمجھا جانے لگا۔

باب نمبر ۹
آخری اوتار کی تصدیق

متذکرہ بالا بیانات میں یہ بات واضح کی جاچکی ہے کہ کلکی اوتار شہسوار اور شمشیر بکف ہو گا۔ تلوار گھوڑے کا زمانہ گزر چکا ہے۔ اب تو جیٹ طیاروں اور ایٹمی اسلحہ جات کا زمانہ آگیا ہے لہذا آخری اوتار کے زمانے کا تعین موجودہ عہد سے پیشتر ہی ثابت ہوتا ہے۔ آخری اوتار کی آمد کے وقت دنیا کے حالات بھی ثابت ہو چکے ہیں۔ بے دینی، مظالم اور زیادتیوں کے عروج میں آنے پر آخری اوتار کا ظہور ہو گا۔

اب ہم کلکی اوتار اور حضرت محمد ﷺ کا تقابلی مطالعہ پیش کریں گے۔

ا:۔ شہسواری اور شمشیر برداری

بھاگوت پران، بارہواں اسکند دوسرے ادھیائے کے انیسویں شلوک میں مذکور ہے کہ کلکی اوتار ملائکہ کے ذریعہ دیئے گئے گھوڑے پر سوار ہو کر تلوار سے بدکاروں کا خاتمہ کر دیں گے۔ کلکی کا گھوڑا جو ملائکہ کے ذریعے عطا کیا جائے گا، بہت ہی شاندار ہو گا، اسی پر سوار ہو کر وہ بدکاروں کا قلع قمع کریں گے۔ حضرت محمد ﷺ کو فرشتہ (جبرائیل) کی معرفت گھوڑا ملا تھا، جس کا نام براق تھا۔ اس پر سوار ہو کر حضرت محمد ﷺ رات میں سفر زیارت (معراج) کے لئے تشریف لے گئے۔ آپ ﷺ کو گھوڑے پسند تھے لہذا

آپ ﷺ کے پاس سات گھوڑے تھے۔ حضرت انس رضی اللہ تعالیٰ عنہ سے روایت ہے کہ میں نے حضرت محمد ﷺ کو دیکھا کہ آپ گھوڑے پر سوار تھے اور تلوار حمائل تھی۔ حضرت محمد ﷺ کے پاس کل نو تلواریں تھیں، جن میں سے ایک سلسلہ خاندان سے دستیاب دوسری ذوالفقار اور تیسری قلعی نام کی تلوار تھی۔

۲:۔ جگ گرو

بھاگوت پران میں آخری اوتار کو جگت پتی کہا گیا ہے۔ جگت کے معنی "عالم" کے ہیں اور پتی کے معنی 'حفاظت کرنے والا' کے ہیں۔ لفظ جگت پتی کے معنی یہ ہوئے کہ اپنے پند و نصائح کے ذریعے گرتے ہوئے معاشرے کو بچانے والا اور وہ معاشرہ نہیں بلکہ لامحدود معاشرہ یعنی عالم ہے۔ مفہوم یہ ہوا کہ جگت کا گرو سرورِ عالم ہو گا۔ حضرت محمد ﷺ کی شان میں قرآنِ کریم میں آیا ہے:۔ "اے محمد ﷺ اعلان کر دو کہ اے تمام دنیا کے لوگو! میں تم سب کی طرف اللہ کا رسول ہوں"۔ اور دوسری جگہ سورۃ الفرقان میں آیا ہے کہ:۔ "بابرکت ہے وہ ذات جس نے اپنے بندے پر فرقان نازل کیا تاکہ وہ تمام عالموں (قوموں) کے لئے ڈرانے والا ہو"۔ اس طرح سے عالم کی سروری کا وجود اور عظمت دونوں باتیں ثابت ہوتی ہیں۔

۳:۔ اسادھو دمن

کلکی اوتار کے موضوع میں مذکور ہے کہ وہ بدکرداروں کو ہلاک کر دیں گے۔ یہی بات حضرت محمد ﷺ کی ذاتِ بابرکات پر ثابت آتی ہے۔ آپ ﷺ نے بھی خاتمہ بدکاروں کا ہی کیا اور قرآن کریم میں فرمایا گیا ہے، جن مسلمانوں پر حملہ کیا جاتا ہے، ان کو

حکم دیا جاتا ہے کہ وہ بھی لڑیں کہ ان پر ظلم ہو رہا ہے اور اللہ ان کی مدد کرنے پر پوری قدرت رکھتا ہے۔ حضرت محمد ﷺ نے لٹیروں اور ڈاکوؤں کو سدھار کر انہیں توحید کی تعلیم دی۔ اللہ کی عبادت میں دیگر معبودوں کو شریک کرنے سے منع فرمایا اور بت پرستی کی تردید کی۔ آپ نے ازلی دین کو قائم کیا اور فرمایا کہ میں زمانہ قدیم کے دین کو ہی قائم کر رہا ہوں۔ یہ کوئی نیا دین نہیں ہے۔ لفظ "اسلام" کے معنی ہیں :۔ اللہ کی فرمانبرداری کرنے والا دین۔ اور لفظ وید کے معنی بھی خدا کا کلام ہے۔ اس کی فرمانبرداری کرنے والا مذہب ویدک ہے۔ لہٰذا ویدک مذہب یا دینِ اسلام کی راہ میں جو مزاحم ہیں انہیں کافر یا ناستک کہا جاتا ہے۔ ان سے مخالفت اور ان کا انسداد ایک فطری عمل ہے۔

آپ ﷺ کی ولادت مبارکہ سے پیش تر ایران میں کیقباد پہلا بادشاہ تھا جس نے پیغام مزدک سے متاثر ہو کر اعلان کیا تھا کہ "دولت اور عورت پر تمام لوگوں کا حق ہے۔ ان پر کسی خاص شخص کا حق نہیں ہے۔" جس کے نتیجہ میں بدکاری حد سے تجاوز کر چکی تھی۔ ایسے عالم میں حضرت محمد ﷺ ہی کی شخصیت تھی جن کے متبعین نے ان انتہائی شریروں کو شکست فاش دے کر دین کی عزت و ناموس کو قائم کرنے میں کامیابی حاصل کی۔

۴:۔ مقامِ پیدائش کی مطابقت

کلکی اوتار کا مقامِ پیدائش شمبھل ہو گا اور وہ وہاں کے برہمن کے گھر میں تولد ہو گا۔ اس برہمن کا نام وشنو ویش ہو گا۔ ظاہر ہے مذکورہ نام سنسکرت زبان کے ہیں۔ جو یا تو معنوں کے تعین کر کے لکھے گئے ہیں یا پھر ان کی بگڑی صورت عربی زبان میں ہو گی۔

سنسکرت میں عام طور پر ناموں کے غالب معنوں کو اہمیت دی جاتی ہے چنانچہ ان

ناموں کے معنوں کو قبول کرنا زیادہ مفید ہے۔

شمبھل کا مدہ "شم" ہے جس کے معنی "امن کرنا" ہوتے ہیں۔ اس میں "بن" لاحقہ لگا ہوا ہے۔ شمبھل کے معنی "دار الامن" ہوں گے اور مکہ معظمہ کو عربی زبان میں دار الامن بھی کہا جاتا ہے جس کے معنی "سلامتی کا گھر" ہیں۔

۵:۔ پردھان پروہت

(صدر برہمن کے گھر ولادت) کلکی اوتار کے مضمون میں کہا گیا ہے کہ وہ "برہمنوں کے سردار" کے گھر میں پیدا ہوگا۔

حضرت محمد ﷺ مکہ معظمہ میں کعبۃ اللہ کے پردھان پروہت (صدر متولی کعبہ) کے گھر مین متولد ہوئے۔

۶:۔ والدین کے مسئلہ میں مطابقت

کلکی کی والدہ کا نام کلکی پران مین "سومتی" (سوموتی) آیا ہے، جس کے معنی "امانت دار" اور "بہترین اخلاق والی" ہیں اور والد کا نام "وشنو یش" آیا ہے جس کے معنی "اللہ کا بندہ" ہوتے ہیں۔ حضرت محمد ﷺ کی والدہ ماجدہ کا نام "بی بی آمنہ رضی اللہ تعالیٰ عنہا" ہے جس کے معنی امانت دار اور امن والی بی بی کے ہوتے ہیں اور والد بزرگوار کا نام "حضرت عبد اللہ رضی اللہ تعالیٰ عنہ" ہے۔ عبد اللہ کے معنی اللہ یعنی وشنو کا "یش" یعنی بندہ (عبد اللہ) ہوتے ہیں۔

۷:۔ آخری اوتار ہونے میں مطابقت

کلکی کو آخری زمانے کا آخری اوتار بتایا گیا ہے۔ حضرت محمد ﷺ نے بھی اعلان فرمایا ہے کہ "میں خاتم النبیین ہوں" یہی وجہ ہے کہ مسلمان آپ ﷺ کے بعد کسی کو نبی نہیں مانتے۔

کتاب "واچس پیتم" اور "شبد کلپتر" میں کلکی لفظ کے معنی "انار کھانے والے" اور "بدنامی کے داغ کو مٹانے والے" بتائے گئے ہیں۔ حضرت محمد ﷺ بھی پھلوں میں انار اور کھجور پسند فرماتے تھے اور قدیم زمانے سے جمے ہوئے شرک اور کفر کے بدنما دھبوں کو دھو کر آپ ﷺ نے پاک کر دیا۔

۸:۔ شمال کی سمت جانا اور تبلیغ کی بابت مطابقت

کلکی پران میں مذکور ہے کہ کلکی پیدا ہونے کے بعد پہاڑی کی طرف جائیں گے اور وہاں پر شورام جی سے عرفان حاصل کریں گے اس کے بعد شمال کی طرف جا کر وہاں سے پھر بستی کو آئیں گے۔ حضرت محمد ﷺ اپنی ولادت باسعادت کے بعد پہاڑی (جبل نور پر واقع غارِ حرا) گئے اور وہاں جبرائیلؑ کے ذریعے عرفان (وحی) حاصل فرمایا۔ یعنی آپ ﷺ پر بذریعہ جبرائیلؑ وحی سے قرآن کریم کا نزول شروع ہوا۔ اس کے بعد آپ ﷺ جانبِ شمال (مدینہ منورہ) گئے (ہجرت فرما کر) اور وہاں سے پھر دکن (مکہ معظمہ) کی طرف (مع دس ہزار صحابہ کرام) مراجعت فرمائی اور اپنے مقام مکہ کو فتح کیا۔ کلکی اوتار کے بیان میں یہی واقعات در پیش ہونے کا اعلان پرانوں میں موجود ہے۔

۹:۔ شیو کی جانب سے کلکی کو ایک گھوڑا عطا کیا جانا

شیو کلکی کو ایک گھوڑا دیں گے جو بہت اعجازی ہو گا۔ حضرت محمد ﷺ کو بھی براق

نامی گھوڑا اللہ تعالیٰ کی عطا سے ملا تھا۔

۱۰:۔ چار بھائیوں کی معیت میں کلکی کا انسداد

کلکی پران میں مذکور ہے کہ کلکی چار بھائیوں کے ساتھ کلی (شیطان) کا انسداد کریں گے۔ حضرت محمد ﷺ نے بھی اپنے چار رفقاء کے ساتھ شیطان کا انسداد فرمایا۔ ان چار رفقاء کے نام حسبِ ذیل ہیں۔

(۱) حضرت ابو بکر صدیق رضی اللہ تعالیٰ عنہ

(۲) حضرت عمر فاروق رضی اللہ تعالیٰ عنہ

(۳) حضرت عثمان غنی رضی اللہ تعالیٰ عنہ

(۴) حضرت علی المرتضیٰ رضی اللہ تعالیٰ عنہ

یہ چاروں صحابہ کرام حضرت محمد ﷺ کے بعد آپ ﷺ کے جانشین خلفائے راشدین ہوئے اور آپ ﷺ کے پیغامِ توحید اور دینِ خالص کی تبلیغ فرمائی۔

۱۱:۔ ملائکہ کے ذریعے تائید غیبی

کلکی پران میں مذکور ہے کہ کلکی کو دیوتاؤں (ملائکہ) کے ذریعے جنگوں میں مدد ملے گی۔ یہی بات حضرت محمد ﷺ کے ساتھ پیش آئی۔ یعنی جنگِ بدر میں فرشتے آپ ﷺ کی مدد کے لئے نازل کیے گئے۔

قرآنِ کریم میں ارشاد ہے کہ:۔ "یقیناً اللہ نے تم کو جنگِ بدر میں مدد دی جبکہ تم کمزور تھے، پس اللہ کا تقویٰ اختیار کرو تاکہ تم شکر گزار بنو۔ جب تم مومنوں سے کہتے تھے

کہ کیا یہ تمہارے لیے کافی نہیں کہ تمہارا رب تین ہزار نازل شدہ فرشتوں سے تمہاری مدد کرے! ہاں اگر تم صبر کرو اور تقویٰ اختیار کرو۔ اور کفار اپنے پورے جوش مین تم پر حملہ کر دیں تو تمہارا رب پانچ ہزار فرشتے جن پر نشان ہوں گے تمہاری مدد کو بھیجے گا۔ جب تم اپنے رب سے فریاد کرتے تھے سو اس نے تمہاری سعا قبول کی، کہ میں ایک ہزار فرشتوں سے جو ایک دوسرے کے پیچھے آتے جائیں گے، تمہاری مدد کرنے والا ہوں۔ اے ایمان والو! اللہ کی اس مہربانی کو یاد کرو جب تم پر فوجیں چڑھ آئیں سو ہم نے ان پر ہوا اور ایسے لشکروں کو بھیجا جن کو تم نہیں دیکھ سکتے تھے اور اللہ اسے جو تم کرتے ہو دیکھتا ہے۔

۱۲:۔ بے مثال حسن والے

کلکی کے متعلق لکھا ہے کہ وہ بے مثال حسین ہوں گے یعنی وہ اتنے حسین ہوں گے کہ ان کے حسن کی مثال نہیں دی جا سکتی۔ حضرت محمد ﷺ کے متعلق روایت ہے کہ آپ ﷺ تمام لوگوں میں سب سے بڑھ کر حسین اور تمام انسانوں میں اکمل نمونہ اور جنگجو غازی تھے۔

۱۳:۔ تاریخ پیدائش میں مطابقت

کلکی پران میں کلکی کی تاریخ پیدائش کے مسئلے میں مرقوم ہے کہ مادھوماس (ماہ ربیع الاول) کے شکل پکش کی ۱۲ تاریخ یعنی زائد النور، بارہویں تاریخ کو پیدائش ہو گی۔ اور حضرت محمد ﷺ کی ولادت باسعادت بھی بارہ ربیع الاول کو ہوئی۔ جس کے معنی مادھو

ماس کے شکل پکش کی بارہ تاریخ یعنی زائد النور ہوتے ہیں۔

۱۴:۔ خوشبوئے بدن

شریمد بھگوت پران کی رو سے، کلکی کے جسم کی مہکتی ہوئی خوشبو کے اثر سے لوگوں کے قلوب پاک ہو جائیں گے۔ یعنی ان کے جسم مبارک کی خوشبو ہوا میں شامل ہو کر لوگوں کے قلوب کو پاک کرے گی۔ حضرت محمد ﷺ کے جسم مبارک کی خوشبو تو مشہور ہی ہے۔ آپ ﷺ جس سے بھی مصافحہ کرتے اس کے ہاتھ میں دن بھر خوشبو رہتی تھی۔ آپ کے غلام حضرت انس رضی اللہ عنہ نے فرمایا کہ آپ ﷺ کے جسم اقدس کی خوشبو ہوا کو خوشبودار بنا دیتی تھی، جب آپ ﷺ گھر سے باہر تشریف لاتے تھے۔

ایک دفعہ حضرت ام سلمہ رضی اللہ عنہا نے آپ کے جسم مبارک کے پسینے کو جمع کیا۔ آپ ﷺ کے سوال پر انہوں نے جواب دیا کہ ہم اسے خوشبوؤں میں ملاتے ہیں کیونکہ یہ تمام خوشبوؤں سے بڑھ کر خوشبودار ہے۔

۱۵:۔ اشٹ ایشوریہ گڑانوت

بھاگوت پران اسکند ۱۲ دوسرے ادھیائے میں کلکی کو اشٹ ایشوریہ گڑانوت یعنی "آٹھ صفات جاہ و حشم" والے کہا گیا ہے۔ وہ حسبِ ذیل ہیں۔

ا۔ پرگینا (علم و دانائی) ۲۔ کلینا (اعلیٰ نسبی) ۳۔ ایندری دمن (ضبطِ نفس) ۴۔ شرتی گنان (علم الکتاب) ۵۔ پراکرم (شجاعت) ٦۔ ابھوبھاشتا (کم سخنی) ۷۔ دان (جود و سخا) ۸۔

گرتکنیتا(شکر گزاری)

۱۔پرگینا(علم و دانائی)

مسئلہ علم و دانائی میں بھی حضرت محمد ﷺ سے مطابقت یہ ہے کہ آپ ﷺ ماضی، حال اور مستقبل کی تمام باتیں بتانے میں کامل استطاعت رکھتے تھے۔ اس کی تائید میں کئی مثالیں عنایت احمد کی کتاب "الکلام المبین" میں پائی جاتی ہیں۔ بطور نمونہ اس کتاب میں سے ایک مختصر تاریخی حوالہ ملاحظہ ہو:۔ "رومیوں اور ایرانیوں کی جنگ میں جب رومی مغلوب ہوئے تو حضرت محمد ﷺ نے اپنے رفیقوں کو یہ واقعہ بتایا۔ آپ ﷺ کے رفیقوں سے اس واقعہ کو جان کر ایک مخالف قریشی ابی بن خلف بہت خوش ہوا اور نو سال کے اندر رومیوں کی فتح کی پیش گوئی سن کر آپ ﷺ کے رفیقِ سفر و حضر حضرت ابو بکر صدیق رضی اللہ عنہ سے سو اونٹوں کی شرط باندھی۔ آخر نو سال کے اندر "نینوا" کی جنگ میں رومیوں کو فتح ۶۲۷ء میں ہوئی۔ اس مضمون سے متعلق قرآنِ کریم کی تیسویں سورۃ الروم نازل ہوئی۔" اس قسم کی کئی مثالیں ہیں جو آپ ﷺ کی دانائی اور دور اندیشی سے متعلق تاریخ میں پائی جاتی ہیں۔

۲۔کلینا(اعلیٰ نسبی)

کلکی ممتاز براہمن خاندان سے متعلق ہوں گے۔ اس کا ثبوت پہلے ہی ہم دے چکے ہیں۔ حضرت محمد ﷺ بھی کعبۃ اللہ کے متولی خاندان کے ممتاز گھرانے بنو ہاشم میں پیدا ہوئے، جو مقدس کعبہ کا محافظ تھا۔ یعنی آپ ﷺ کی ولادت ۵۷۱ء میں قبیلہ قریش کے ممتاز خاندان بنو ہاشم میں ہوئی جو باشندگانِ عرب کا معزز ترین اور سلسلہ قدیم سے محافظ کعبہ خاندان تھا۔

۳۔ ایندری دمن (ضبطِ نفس)

صفاتِ جاہ و حشمت میں تیسری صفت ہے حواس کو قابو میں لانا۔ بھارت کی مذہبی کتب میں کلکی کے مضمون میں مرقوم ہے کہ کلکی ضبطِ نفس کے حامل ہوں گے۔ حضرت محمد ﷺ کے متعلق کہا گیا ہے کہ آپ ﷺ خود ستائی سے مبرا، کریم، پر سکون اور حواس کو قابو میں رکھنے والے (ایندریئے جیت) اور فیاض تھے۔ حواس ارادے کے ماتحت کام کرتے ہیں۔ لہذا ارادے کو قابو میں میں لانا ہی حواس کو قابو میں لانا ہے۔

اگر کوئی یہ اعتراض کرے کہ جو شخص نو شادیاں کرے تو معاذاللہ اس کو ہوش مند اور عیش و عشرت پسند کی بجائے حواس پر قابو رکھنے والا کیوں کر کہا جا سکتا ہے؟ تو اسے یہ بھی معلوم ہونا چاہیے کہ کیا یوگی راج شری کرشن جی کی پٹ رانیاں تعداد میں چھ سے زیادہ نہیں تھیں؟۔ زاہد (یوگی) دنیا کے عیش و عشرت میں رہ کر بھی پر خلوص اور جذبہ بے غرضی (نش کام بھاؤنا) کے سبب خواہش سے بری رہتا ہے۔ جیسے کنول کا پتہ پانی میں رہتے ہوئے بھی پانی سے الگ رہتا ہے ویسے ہی عابد انسان بھی دنیا کے عیش و عشرت میں رہتے ہوئے بھی اس سے مبرز رہتا ہے۔ لہذا حضرت محمد ﷺ کی نو بیویوں کا رہنا مافوق الفطرت مردانگی کا مظہر ہے۔ اس سے آپ ﷺ کے ضبطِ نفس میں کوئی کمی واقع نہیں ہوتی۔

۴۔ شرتی گنان (علم الکتاب)

یہ آٹھ صفاتِ بزرگی میں چوتھا وصف ہے۔ سنسکرت میں "شرت" کے معنی ہیں "سنا ہوا کلام" جو رسولوں کے ذریعے سنا گیا ہو اور وہ کتاب کی صورت میں محفوظ ہوتا ہے۔ اور یہ لفظ "شر" مادہ سے بنا ہے۔ اس کے معنی ہیں "سننا" لہذا وحی کے ذریعہ سنا گیا خدائی کلام جس کتاب میں ہو اس کو "وشرتی" کہا جاتا ہے۔ حضرت محمد ﷺ پر فرشتے

جبرائیلؑ کے ذریعے کلام اللہ (شرتی) کا نزول ہوتا تھا۔ اس کو سن کر آپ صلی اللہ علیہ وسلم لکھا دیتے تھے۔ قرآنِ کریم آپ صلی اللہ علیہ وسلم کا شرتی گیان ہے۔ لیکن پول اس کی تائید میں رقم طراز ہے:۔ "حضرت محمد صلی اللہ علیہ وسلم پر فرشتے کے ذریعے اللہ کا کلام بھیجا جانا حق ہے۔ اس میں کوئی شبہ نہیں۔" آروی سمتھ بھی اس سے متفق ہے۔ ایک وحی میں حضرت محمد صلی اللہ علیہ وسلم کو اللہ کی پیغمبری کا عہدہ (عہدۂ نبوت) پانے والے کہا گیا ہے۔ سر ولیم میور نے بھی حضرت محمد صلی اللہ علیہ وسلم کی بابت لکھا ہے :۔ "وہ اللہ کے رسول اور نمائندے تھے۔" اس طرح حضرت محمد صلی اللہ علیہ وسلم اور کلکی میں مطابقت پائی جاتی ہے۔

۵۔ پراکرم (شجاعت)

بزرگی کی آٹھ صفات میں شجاعت پانچواں وصف ہے حضرت محمد صلی اللہ علیہ وسلم قوتِ جسمانی میں بھی انتہائی کمال رکھتے تھے۔ اس کے ثبوت میں کئی حقائق تاریخ میں موجود ہیں۔ مثلاً ایک پہلوان جس کا نام 'رکانہ' تھا اس کی روداد ملاحظہ ہو۔ اس سے آپ صلی اللہ علیہ وسلم نے سوال کیا:اے رکانہ! تیرا خدا سے نہ ڈرنے اور ایمان نہ لانے کا سبب کیا ہے؟ رکانہ پہلوان نے حق کی وضاحت چاہی تو آپ صلی اللہ علیہ وسلم نے فرمایا، تو بڑا بہادر پہلوان ہے، اگر میں کشتی میں تجھے زیر کر دوں تو کیا تو ایمان لائے گا؟ اس نے قبول کیا۔ تب آپ صلی اللہ علیہ وسلم اسے دو مرتبہ مغلوب کیا۔ پھر بھی وہ پہلوان آپ صلی اللہ علیہ وسلم پر ایمان نہ لایا اور اللہ کی ذات سے منکر رہا۔

۶۔ ابہو بھاشتا (کم سخنی)

کم سخنی بزرگ انسان کی بہت بڑی خوبی سمجھی جاتی ہے۔ حضرت محمد صلی اللہ علیہ وسلم بھی خاموش طبع تھے لیکن آپ صلی اللہ علیہ وسلم جو کچھ فرماتے تھے، اتنا اثر انگیز ہوتا تھا کہ سننے والے آپ صلی اللہ علیہ وسلم کی باتیں کبھی نہیں بھولتے تھے۔ باہم گفتگو میں بھی آپ صلی اللہ علیہ وسلم پر سکون

رہتے تھے، لیکن عرب کے لوگ آپ ﷺ کی باتیں سننا بہت پسند کرتے تھے۔

۷۔ دان (جود وسخا)

خیرات مذہب کا ابدی حصہ ہے۔ غریبوں کو خیرات دینا آٹھ صفات میں ساتواں وصف ہے جو انسان کو نورانی بناتا ہے، تقریباً ہر ایک بزرگ کے پاس یہ تسلیم شدہ امر ہے۔ کلکی کو پرانوں میں "اشٹ ایشور گنانوت" کہا گیا ہے یعنی ان میں آٹھوں صفات من حیث المجموع رہنا قرار دیا ہے۔ حضرت محمد ﷺ تو ہمیشہ عطا کرنے میں مصروف رہتے تھے اور آپ ﷺ کے مکان پر غریبوں کا مجمع لگا رہتا تھا۔ آپ ﷺ کسی کو مایوس نہیں کرتے تھے۔ سر ولیم میور نے بھی حضرت محمد ﷺ کو بے انتہا حسین و جمیل صورت والے، شجیع اور سخی بتایا ہے۔

۸۔ کرتگنیتا (شکر گزاری)

ان آٹھ صفاتِ حشمت و بزرگی میں شکر گزاری (کئے گئے احسان کی قدر کرنا) آٹھواں وصف ہے۔ اس خوبی کے بغیر کوئی شخص بزرگی نہیں پا سکتا۔ کلکی میں مع شکر گزاری آٹھوں صفاتِ حشمت موجود رہنے کی پیش گوئی پرانوں میں مرقوم ہے۔ جیسا کہ ہم پہلے واضح کر چکے ہیں کہ حضرت محمد ﷺ میں بھی مذکورہ بالا سات صفات کی موجودگی واضح ہو چکی ہے اور آپ ﷺ میں شکر گزاری کی موجودگی کا کوئی مورخ غیر معترف نہیں ہو سکتا۔ انصار کے متعلق کہے گئے فقرات آپ ﷺ کی شکر گزاری کی وضاحت کرتے ہیں۔

اللہ کے کلام کا مبلغ

کلکی کے متعلق مشہور ہے کہ وہ جس مذہب کو قائم کریں گے وہ ویدک مذہب ہو گا

اور ان کے وسیلے سے ہدایت کردہ تعلیمات خدائی تعلیمات ہوں گی۔ یہ تو واضح ہی ہے کہ حضرت محمد ﷺ کے وسیلے سے نازل شدہ قرآنِ کریم، اللہ کا کلام ہے۔ پھر بھی ضدی لوگ بھلے نہ مانیں !۔ قرآن میں اخلاق، تقویٰ، محبت اور احسان وغیرہ کرنے کے لئے جو احکام موجود ہیں، وہی وید میں بھی ہیں۔ قرآن میں بت پرستی کی تردید اور توحید کی تعلیم، باہم محبت کے سلوک و برتاؤ کی ہدایات ہیں۔ وید میں ایکم ستیہ (حق ایک ہے) اور عالمی برادری کا امتیازی اعلان ہے۔ ویدوں میں ایشور کی بھگتی (خدا کی عبادت) کا حکم ہے اور قرآن کریم کی تعلیم کے سبب مسلمان دن میں پانچ مرتبہ پابندی سے نماز پڑھتے ہیں۔ جبکہ برہمن میں شاذ و نادر لوگ تری کال سندھیا (تین وقتوں کی دعا) کرنے والے ملیں گے۔

اس طرح ہم دیکھتے ہیں کہ کلکی اور حضرت محمد ﷺ کی بابت ایک سی باتیں ہیں۔ اب ضمیمہ کے طور پر ویدوں اور قرآن کی بنیادی تعلیمات کی مطابقت پر غور و فکر پیش کریں گے۔

باب نمبر ۱۰
ویدوں اور قرآن کی تعلیمات

اللہ

(۱) قرآن پاک میں مرقوم ہے:۔ "اس کے سوا کوئی معبود نہیں وہ ہمیشہ زندہ، خود قائم، قائم رکھنے والا ہے۔ اس پر نہ اونگھ غالب آتی ہے نہ نیند۔ اسی کا ہے جو کچھ آسمان میں ہے اور جو کچھ زمین میں ہے۔ وہ کون ہے جو اس کے پاس سوائے اس کی اجازت کے سفارش کرے۔ وہ جانتا ہے جو کچھ ان کے سامنے ہے اور جو کچھ ان کے پیچھے ہے اور اس کے علم میں سے کسی چیز پر احاطہ نہیں کر سکتے سوائے اس کے جو وہ چاہے۔ اس کا علم آسمانوں اور زمین پر حاوی ہے اور ان دونوں کی حفاظت اس پر بوجھ نہیں اور وہ بہت بلند عظمت والا ہے۔"

اپنشدوں میں آیا ہے:۔ "ایکم برہم دوتیم ناستی نہنا ناستی کنچن۔ "یعنی وہ ایشور (خدا) ایک ہے اس کے سوا دوسرا نہیں ہے۔ یہاں تو اس کے سوا کچھ ہے ہی نہیں یعنی دنیا کی ہستی جب تک خدا کی قدرت سنبھال رہی ہے تب تک ہی ہے اگر اللہ کو منظور نہ ہو تو دنیا کا وجود ہی نہ رہے گا۔

(۲) جس کو کوئی بھی آنکھ سے نہیں دیکھ سکتا لیکن جو آنکھ سے اپنے امور کو دیکھتا ہے تو اسی کو برہم جان۔

قرآن میں ارشاد ہے:۔ "کوئی آنکھ اس کو نہیں دیکھ سکتی اور آنکھوں کو دیکھتا ہے۔ "(لاتدرک الابصار وھویدرک الابصار)

(۳) قرآن میں ارشاد ہے کہ:۔ "تو ہم کو سیدھے راستے پر چلا۔"

رگ وید میں بھی کہا گیا ہے:۔ "ہے پرکاشک پرمیشور ہمیں سندر (اچھے) راستے پر لے چلو۔

(۴) کہو! اللہ ایک ہے، اللہ بے نیاز ہے، سب اسی کی پناہ میں ہیں، نہ اس کا کوئی بیٹا ہے اور نہ وہ کسی کا بیٹا ہے اور اس کا کوئی ہمسر نہیں۔

پرمیشور (خدا) ایک ہے تمام حیوانات پر محیط، تمام افعال کا مالک، سب سے اعلیٰ، ہر چیز پر گواہ، ہر بات کا جاننے والا ہے وہ صفات سے منزہ ہے۔

(۵) اللہ حق ہے (قرآن، سورۃ الحج۔ آیت نمبر ۶۲)

ویدانت میں کہا گیا ہے:۔ "ستیم برہم "یعنی برہم (رحمٰن) حق ہے۔

(۶) "جدھر تم منہ کروگے ادھر ہی اللہ کا منہ ہے۔" (قرآن، سورۃ البقرہ۔ آیت ۱۱۵)

گیتا میں بھی کہا گیا ہے:۔ "وشنوتومکھم۔ "یعنی اس کے منہ سب طرف ہیں۔

(۷) ویدوں، گیتا اور سمرتیوں میں ایک خدا کی عبادت کرنے کا حکم ہے اور اپنی کی ہوئی برائیوں کی معافی کے لئے بھی اس خدا سے دعا کرنے کا حکم ہے۔

قرآن میں بھی فرمایا گیا ہے کہ:۔ "کہو! میں تو صرف تمہاری طرح ایک انسان ہوں میری طرف وحی کی جاتی ہے کہ تمہارا معبود ایک ہی معبود ہے، سو تم سیدھے اسی کی طرف منہ کرو اور اسی سے استغفار بھی مانگو۔" (سورۃ حم السجدہ۔ آیت ۶)

(۸) ویدوں میں رب العالمین کا کلام (ایشوروانی) پر ایمان نہ رکھنا اور اس کے احکام

نہ ماننا، ناستکتا ہے۔ ناستکتا کے معنی انکار کرنا ہے۔

قرآن میں بھی کافر لفظ انہی معنوں میں مستعمل ہے۔ کفر کے معنی انکار کرنا یا بھلا دینا ہے۔ اللہ کو یا پیغمبروں کو نہ ماننے والوں کا قول ہے :۔ "جو تمہیں دے کر بھیجا گیا ہے (جو تم کہتے ہو) ہم اس کے انکار کرنے والے ہیں (یعنی کافر ہیں)

(۹) مسلمان کے معنی ہیں اللہ کا فرمانبر دار۔ مفہوم یہ ہے کہ اللہ پر، اللہ کے کلام پر اور نبیوں پر جو ایمان لایا وہ مسلمان ہے۔ بالکل اس معنی کے مماثل سنسکرت ادب میں آستک لفظ کے معنی ہوتے ہیں۔ آستک کے معنی ہیں، ایشور (خدا) ایشور وانی (کلامِ خدا) اور سچے لوگوں پر ایمان رکھنے والا ہوتے ہیں۔ سنسکرت ادب میں رشیوں کے کلام کو "آگم پرمان" منقولی شہادت مانا گیا ہے۔ اسی طرح اسلامی ادب میں پیغمبروں کا کلام منقولی شہادت مانا گیا ہے۔ کافر کی ضد مسلمان ہے اور ناستک کی ضد آستک ہے۔ کوئی مسلمان کافر سے بات نہیں کرنا چاہے گا اور نا آستک، ناستک سے بات کرے گا۔ بھارت میں ۷۵ فیصد آستک اور ۲۵ فیصد ناستک ہیں۔ تعلیم یافتہ طبقہ میں ناستکوں کی کثیر تعداد پائی جاتی ہے۔

۱۰۔ باقی رہا لفظ "ہندو"۔ یہ لفظ بالکل نیا ہے۔ قدیم بھارتیہ مذہب کو آریہ دھرم کہا جاتا تھا، یا سناتن دھرم کہا جاتا تھا۔ سناتن کے معنی قدیم ہیں۔ فارسی اور ایرانی یا یونانی میں ویدک سنسکرت کا "س"، "ھ" سے بدل کر لفظ "ہند" بنا دیا اور استھان کو "استان" کر دیا۔ اس طرح "ہندوستان" اور یہاں کے باشندوں کو ہندو کہنے لگے۔ انہی لوگوں کی قربت سے سنسکرت ادب سے ناواقف بھی ہندو اور ہندوستان تلفظ کرنے لگے۔ پھر مسلمانوں کے دورِ حکومت میں بھی بھارت کو ہندوستان اور اور بھارتیوں کو ہندو کہا جانے لگا۔ بعد میں انگریزوں کے دورِ حکومت میں لفظ ہند میں اپنی زبان کی خصوصیت کے سبب HIND کے "H" کو حذف کر کے "IND" اور پھر اس میں ظرفِ مکاں "IA" لگا

کر "INDIA" لفظ بنایا۔ لہٰذا انڈیا کے باشندے انڈین کہے جانے لگے۔ چنانچہ بھارتیہ، ہندو اور انڈین، ان الفاظ کے ایک ہی معنی ہیں۔ بھارت، ہندوستان یا انڈیا کا باشندہ، اگر کوئی بھارت، ہندوستان اور انڈیا کو ہم معنی نہ جانے تو اس کی یہ کوتاہ علمی ہے۔ بھارت کے باشندوں میں عیسائی، مسلمان، دراوڑ، کولی، بھیل، پارسی اور سنتھالی وغیرہ سبھی ہندو، ہندی، انڈین یا ہندوستانی یا بھارتی ہیں۔ یہ علمِ لسانیات سے ثابت ہے، ہندو دھرم، انڈین دھرم، سناتن دھرم یا آریہ دھرم میں کوئی فرق نہیں۔ فرق صرف زبان کا ہے۔

باب نمبر ۱۱

تتمہ

نہ صرف میں بلکہ تمام تعلیم یافتہ طبقے غیر جانبدار ہو کر تمام قوموں کے اتحاد کی غرض سے اس تحقیقی کتاب کو مقبول کر کے مستقبل میں ملک و قوم کی زندگی کو ضرور امن پسند بنائیں گے۔ بھارتیہ (اہل ہنود) جس کلکی کو اوتار مانتے ہیں، مسلمان اسی کلکی کے پیروکار ہیں۔ کلکی کے متعلق کہا گیا ہے کہ وہ بھارتیوں کے ساتھ بڑی بھلائی کریں گے، یعنی نجات دلائیں گے۔ اس جذبہ کے تحت سب بھارتی کلکی پر ایمان لائیں! کیونکہ وہی آخری اوتار ہیں جو شہسوار اور شمشیر بردار ہیں۔ اب آگے جو زمانہ آ رہا ہے وہ گھوڑوں اور شمشیروں کے دور سے کافی دور ہوتا جا رہا ہے۔ بھارتیہ (اہل ہنود) مسلمانوں کو غیر نہ سمجھیں کیونکہ وہ بھارتیوں کے ساتھ سب سے بڑی بھلائی کرنے والے ثابت ہوں گے۔

اسلام اور مسلمان عربی زبان کے الفاظ ہیں۔ اسلام کے معنی ہیں سلامتی اور مسلمان کے سمعنی آستک ہوتے ہیں۔ جو لوگ مذہب کے اندھے پیروکار ہو کر اپنے سناتن دھرم (قدیم مذہب) کو محدود بنا لیتے ہیں اور دوسرے مذہب کو نہ سمجھتے ہوئے باہم فساد کرتے ہیں وہ خدائی حکومت میں آگ سے تپائے جائیں گے۔ میں نے اپنے اس تحقیق نامہ کو کسی کی جانب داری سے نہیں لکھا ہے بلکہ قلب کا حال جاننے والے (اللہ) کا مجھے حکم ملا ہے۔ ہندو مسلم اتحاد کے مانع فسادات جو کبھی کبھی کھڑے ہو جاتے ہیں اور خدا کی

دہائی دے کر ایک دوسرے کو قتل کرتے ہیں، یہ اللہ کو ناپسند ہے۔ نصیحت کرنا واعظ کا کام ہے، عمل کروانا واعظ کے ذمہ نہیں ہے، بلکہ اللہ کے ذمہ ہے۔ ایک انسان کیا کسی سے کچھ کرائے گا؟ حضرت عیسیٰؑ نے جن "احمد ﷺ" (اللہ کی حمد کرنے والے) کی بابت پیش گوئی کی ہے اور وید ویاس رشی نے مستقبل کی روداد کی صورت میں جن کلکی کا ذکر کیا ہے ان کی گواہی دینا میرا فرضِ عین ہے۔ عیسائی کلکی کو مانیں یا نہ مانیں مگر اہلِ ہنود (بھارتیہ) تو انہیں ضرور مانیں گے۔

کلکی اور حضرت محمد ﷺ کے مضمون میں جو جدید مطابقت مجھے فراہم ہوئی اس سے میں متعجب ہوں۔ وہ اس بات پر کہ جس کلکی کے انتظار میں بھارتیہ (اہلِ ہنود) بیٹھے ہیں، وہ آچکے ہیں۔ وہ ہستی حضرت محمد ﷺ کی ہے۔ دونوں کی مطابقت میں اگر کہیں کوئی مانع مسئلہ آجائے تو اسے درمیان سے ہٹا کر دور کرنے والی چیز سمجھ لینا چاہیے۔ یا ہری اننت، ہر کتھا اننت کے قول سے سرورِ زمانہ کا تخلیق شدہ فرق، مذہب کے بنیادی اصول تقریباً ایک ہی ہیں، لیکن کوتاہ فہم لوگوں کی سمجھ سے بالاتر ہیں۔

کچھ زمانہ پہلے ویدک مذہب میں آمیزش برائیوں کے اخراج کرنے والے گوتم بدھ جی کے ہدایت کردہ بدھ مذہب اور اس کے پیروؤں کو نفرت کی نظر سے دیکھا جاتا تھا اور لوگ یہ سمجھتے تھے کہ یہ نیا اور ویدک مذہب سے الگ مذہب ہے۔ لیکن پرانوں کے چوبیس اوتاروں کے بیان میں جب یہ پڑھا گیا کہ بدھ جی تیئیسواں اوتار ہے تب لوگوں کی سمجھ میں آیا کہ یہ مذہب بھی اپنا ہی ہے اور بدھ جی بھی اوتار ہی ہیں۔ تب ویدکوں اور بدھوں کا اختلاف ختم ہوا اور اب بدھی بھی ویدک مذہب کے پیروکار سمجھے جانے لگے۔ اسی طرح حضرت محمد ﷺ کے وسیلے سے ہدایت کردہ سناتن دھرم یعنی قدیم مذہب (اسلام) اور ان کے متبعین کو دیکھنے پر یہ نظر آتا ہے کہ یہ تو ویدک مذہب کے

خلاف مذہب ہے مگر بھاگوت پر ان میں چوبیس اوتاروں کے بیان میں جب میں نے کلکی کو دیکھا اور بارہویں اسکند میں ان سے ہونے والے واقعات کی روئداد کو پڑھا تو حضرت محمد ﷺ کے حالات میں مکمل یکسانیت پائی اور مجھے یقین ہو گیا کہ آپ ﷺ ہی کلکی ہیں اور آپ ﷺ کے مذہب کا بڑھنا اور آپ ﷺ کے پیروؤں کے عروج سے تو اپنا ویدک مذہب ہی قوی ہوتا ہے۔ اب نہ سہی مگر جب اس بات کا علم سب کو ہو جائے گا تب مسلمانوں کا دن اسلام یا آستکوں کا خدا کی فرمانبرداری کا مذہب بھارت میں جاری وشنو شاکت، جین اور بدھ مذہب کی مانند سبھی لوگوں میں مقبول شدہ ہوگا اور اہل ہنود اور مسلمانوں کے طبقے مل کر ایک بہت بڑا معاشرہ بنے گا۔ لاٹھیوں کی ضربوں سے مذہب نہیں پھیلتا بلکہ جب اللہ کے فضل سے لوگوں کو دینِ حق کا علم ہو جاتا ہے تو خود ہی اس پر عمل کرنے لگتے ہیں۔ علمائے دین کا فرض ہے کہ وہ دین کے اصولوں سے لوگوں کو واقف کرائیں۔ عقیدت پیدا ہونے پر عمل کریں گے۔ فساد کرنے سے کوئی کیوں مانے گا۔ اللہ کے دین کے مبلغین کو امن و اطمینان کے ساتھ دین کی تبلیغ کرنی چاہیے۔ دین کا تعلق وضع قطع سے نہیں ہے اور نہ داڑھی یا چوٹی کے رکھنے سے ہے۔ یہ تو جسم کی مصنوعی نمائش ہے۔ دین کا تعلق قلب کے تفکرات سے ہے جن سے سفر حیات بہترین انداز سے کامیاب ہو۔

ہر ایک ہندو، بھارتیہ یا انڈین کو معلوم ہونا چاہیے کہ وہی لوگ ہندو نہیں ہیں بلکہ یہاں کے باشندگان مسلمان اور عیسائی بھی ہندو ہیں۔ کیونکہ لفظ ہندو کے معنی "ہندوستان میں رہنے والا" ہوتے ہیں۔

مسلمانوں سے بھی میری یہ استدعا ہے "ہندو اور ہندوستان" یہ الفاظ انہی کی دین ہیں جن کا تذکرہ ہم پیشتر کر چکے ہیں۔ لہذا اپنے آپ کو ہندو کہنے میں جھجک محسوس نہ

کریں۔

بھارت میں طبقاتی انتظام تھا جو اعمال کی بنیاد پر تھا نہ کہ ذات کی تقسیم پر۔ اللہ کی عبادت کرنے والے اور پرہیز گار مسلمان بھی برہمن ہیں اور اللہ پر ایمان رکھنے والے بھی مسلمان یعنی آستک ہیں۔ صرف ختنہ کرا لینے والا مسلمان نہیں ہوتا، اسی طرح سر میں چوٹی رکھانے والا آستک یعنی برہمن، چھتری، ویش یا شودر نہیں ہوتا۔ داڑھی تو قدیم زمانے میں منی لوگ بھی رکھتے تھے۔ بھارت میں اونچ نیچ کا فرق اور تعصب اس وقت تک دور نہ ہو گا جب تک کہ یکسانیت کا سلوک و برتاؤ نہ ہو اور تب تک امن و راحت و آرام ممکن نہیں۔ اس موضوع پر دوسری کتاب لکھوں گا۔ اس تحقیقی کتاب میں گنجائش نہیں ہے۔

باب نمبر ۱۲

نقشہ براق

براق ایک نورانی سواری ہے جو نفسِ امارہ کی مغلوبیت کا نقشہ ہے۔ وہ ہندوستان کے کل اوتار اور رشی منیوں کی سواریوں کا مجموعہ ہے۔ جیسے بھگوان کی سواری عورت اور شکتی ہے وہ اس طرح کہ آدمی شکتی کا چہرہ ہے۔ کرشن جی کی سواری "گرڑ" براق کے پر میں ہے۔ نار سہنواں اوتار کی سواری شیر ببر براق کی چھاتی میں ہے۔ کبیر کی سواری گھوڑا براق کے پاؤں میں ہے۔ اگنی کی سواری بکرا براق کے پیٹ مین ہے۔ شِو کی سواری بیل براق کے دھڑ مین ہے۔ سرسواتی کی سواری مور براق کی دم مین ہے۔ وایویہ کی سواری بارہ سنگھا براق کے پٹھے میں ہے۔ اِندر کی سواری ہاتھی براق کی پیٹھ میں ہے۔ یما کی سواری بھینسا براق کی رانوں مین ہے۔ ورن کی سواری مگرمچھ براق کے ایال میں ہے۔ پارسناتھ کی سواری براق کی گردن میں ہے۔ کسی نبی یا اوتار یا رشی منی کی کوئی سواری ایسی نہیں ہے جو حضور رحمت اللعالمین ﷺ کی سواری میں نہیں ہے۔ سوار سواروں کا جامع اور سواری سواریوں کی جامع ہے۔

ماخوذ از کتاب "سورۃ کہف کی عملی تفسیر" مصنف تقدس مآب حضرت مولانا صدیق دیندار چن بسویشور صاحب قبلہ

باب نمبر ۱۳

علماء کے تبصرے

تحقیقی کتاب پر علماء کی آراء

صدر کل ہند مجلس تعمیرِ ملت عالی جناب سید خلیل اللہ حسینی صاحب کا تبصرہ

مدینہ مینشن نارائن گوڑا، حیدرآباد ۱۵۰۰۰۴۹ اے پی

جناب وید پرکاش اُپادھیائے صاحب کی تحقیق قابلِ قدر ہے۔ ضرورت ہے کہ اہلِ ملک بڑی تعداد میں اس کتاب کو پڑھیں اور خود مسلمانوں پر یہ ذمہ داری عائد ہوتی ہے کہ وہ دنیا کو بتائیں کہ کلکی اوتار کون ہے۔ جو لوگ اس مقالہ کو غیر مسلموں تک پہنچانے کے لئے شائع کریں وہ آخرت میں اس کا اجر پائیں گے۔ خود ڈاکٹر وید پرکاش اُپادھیائے صاحب قابلِ مبارکباد ہیں کہ انہوں نے تحقیق کا حق ادا کیا۔

عالی جناب رحیم قریشی صاحب۔ معتمدِ عمومی کل ہند مجلس تعمیرِ ملت و سیکریٹری آل انڈیا مسلم پرسنل بورڈ کا تبصرہ

کتاب بہت اچھی ہے۔ اس کتاب کو زیادہ سے زیادہ غیر مسلموں کے ہاتھوں مین

پہنچنا چاہیے۔ مصنف سے اجازت لے کر تلنگی اور ہندی میں کثیر تعداد میں شائع کر کے تقسیم کی جائے اور اللہ سے دعا کی جائے کہ وہ مصنف کو ایمان کی دولت سے سرفراز فرمائے۔

سنسکرت کے عظیم علماء کے تبصرے

ڈاکٹر گوند کوی راج

ایم اے، ایم ایس ایچ، ایم ڈی، پی ایچ ڈی۔ سرودرشن آچاریہ، ویاکرن آچاریہ، ساہتیہ آچاریہ، آیوویدوگنان آچاریہ، بھیشک آچاریہ،

ویدے رتن، ہندی ساہتیہ رتن، وید انت شاستری (معہ انگلش) پروفیسر ورانئے سنسکرت یونیورسٹی، پرنسپل نیپالی سنسکرت کالج ورانسی

"کلکی اوتار اور حضرت محمد ﷺ" کتاب میں نے پڑھی۔ تمام دنیا میں پھیلے ہوئے اصولیاتی باہمی تعصب کو مٹا کر بنی نوع انسان کو ایک اصول کا پابند کرنے کے لئے آپ نے جو بے تکان کوشش کی ہے وہ انتہائی قابلِ تحسین ہے۔

پروفیسر ڈاکٹر شری گوپال چند مشرا

ایم اے، پی ایچ ڈی، دھرم شاستر آچاریہ، صدر میگھ وید، سنسکرت یونیورسٹی ورانسی۔

خدائی تخلیق میں انسانیت کا مقام یکساں ہے اور اس کی ترقی و تنزیل کے اصول بھی یکساں ہیں۔ تمام ممالک میں بزرگ و عظیم انسانوں کی ضرورت بھی وقتاً فوقتاً پڑتی رہتی

ہے۔ کوئی شخص بغیر اللہ کے نور کے نبی یا رسول یا بزرگ انسان بنے، یہ ناممکن ہے۔ حضرت محمدﷺ ملکِ عرب میں بہ تقاضائے زمان و مکاں، اللہ کے نور سے عظیم الشان نبی ہوئے۔ اس حق و صداقت کے اقبال کرنے میں کسی کو تامل نہیں ہو سکتا۔ خواہ کسی خطۂ ارض پر زمان و مکاں کے مطابق کوئی بزرگ انسان معزز یا پیغمبر ہو۔ تو اس عظمت کا ذکر دیگر ممالک کے لوگ اپنی تہذیب اور زبان کے مطابق الفاظ میں کرتے ہیں۔ اس حقیقت کا تیقن ڈاکٹر وید پرکاش اپادھیائے کی کتاب "کلکی اوتار اور حضرت محمدﷺ" سے ملتا ہے۔

جھوپاشری جے کشور شرما
ویاکرن آچاریہ پرکان آچاریہ، سودامنی سنسکرت یونیورسٹی۔ الہ آباد

پیشِ نظر کتاب "کلکی اوتار اور حضرت محمدﷺ" کا تطبیقی مطالعہ پیش کرتی ہے، جو نئے اسلوب اور خاص انداز میں ہے۔ جسے پڑھتے ہوئے اطمینان ہوتا ہے اور مصنف کے خصوصی کمال کا اظہار یہ کہ، دورِ جدید کے عوام کو اتحاد کا تحفہ پیش کرتے ہیں۔ اس سبب سے میرا قلب انتہائی مسرت سے لبریز ہو رہا ہے۔ عالی جناب مصنف پر خدائے پاک (ایشور) اپنی نظر التفات کی نوازش فرمائے اور فلاح یاب کرے۔ اس حسین تصنیف کو دیکھنے کے بعد کوئی دوسری قسم کی تصنیف دیدہ زیب نظر نہیں آتی۔

شری اشوک تیواری، لویدی اٹاوہ۔ یوپی

"کلکی اوتار اور حضرت محمدﷺ" کا تطبیقی مطالعہ کے عنوان پر تحقیق کتاب پڑھ کر تمام مذاہب کی یکسانیت کے قدیم احترام کے خیال کو مزید تقویت ملی۔

وہ رسول (کلکی) کی دینی فتح کے اسباب میں گھوڑوں اور شمشیروں کے استعمال کا اشارہ ہر ذی فہم انسان کو یہ سوچنے پر مجبور کر سکتا ہے کہ موجودہ دور میں اس پیش گوئی کے عمل میں آنے کا کوئی امکان نہیں ہے بلکہ یہ دورِ ماضی میں عمل پیرا ہو چکی ہے۔ بالا ختتام کتاب کا مفہوم یہی ہے کہ بھاگوت کے کلکی ہمارے محمد ﷺ ہی ہیں۔ فی الحقیقت اس مقتدرِ اعلیٰ ہستی کی ہمہ گیری کے لئے ان معیارات کی کوئی ضرورت تو نہیں ہے، لیکن میں اپنی نیک خواہشات مین یہی کہوں گا کہ اپادھیائے جی کی یہ کوشش ہندوؤں اور مسلمانوں کے متعصب خیالات کو پاک کرنے میں کامیاب ہو۔

شری رام بھون مصرا، بھوج کو لھواچلہ۔ مرزاپور۔ یوپی

"کلکی اور حضرت محمد ﷺ" کتاب کا تقابلی مطالعہ کے عنوان پر تحقیقی کتاب بلاشبہ ایک نئی تحقیق ہے جس میں مدلل حقائق کے ساتھ ہندوؤں اور مسلمانوں کے اختلافی نظریات ایک لڑی میں پروئے ہوئے ہیں۔ یہ ایسی دنیا کا قیام کرے گی جو نجات دہندہ اور پر اطمینان اور دکھ سے عاری ہوگی۔

شری اندرجیت شکلا (وردوان)

کتاب "کلکی اوتار اور حضرت محمد ﷺ" کا تقابلی مطالعہ کرنے سے مجھے اس بات کا یقین ہو چکا ہے کہ کلکی اوتار اور محمد ﷺ ایک ہی وجود ہیں۔

ڈاکٹر رام سہائے مصرا شاستری، بہادر گنج۔ الہ آباد

پنڈت وید پرکاش اپادھیائے کی تصنیف "کلکی اوتار اور حضرت محمد ﷺ" کا تقابلی

مطالعہ کے موضوع کا تحقیقی کارنامہ میں نے اچھی طرح دیکھا ہے۔

فاضل محقق نے اس مختصر کتاب میں ہندوستانی پرانوں کے ادب اور اسلامی ادب کا تطبیقی مطالعہ کر کے جو کلکی اوتار کے متعلق اہم ترین تحقیقی خدمت انجام دی ہے وہ دورِ حاضر کے مذہبی ٹکراؤ کی بیخ کنی کے لئے بہترین ثابت ہو گی۔ اس طرح سارے عالم میں توحید کی تبلیغ ہو گی اور بنی نوع انسان میں اخوت اور محبت پیدا ہو گی۔ ہم پر امید ہیں کہ یہ مختصر کتاب تمام فرقوں میں پسندیدہ ہو گی اور محدود کور بینا لوگ اپنے تنگ عقائد سے دور ہو کر عالمی اخوت کی روشنی میں آ جائیں گے اور یہ سعی ایک عظیم اشتراک کا پیغام دے گی۔ ہم نیک تمناؤں کے ساتھ دعا گو ہیں کہ مصنف کی سعی قوم کے لئے مبارک ہو۔

باب نمبر ۱۴
معاون کتب کی فہرست

سنسکرت / ہندی / اردو کتب:

۱:۔ رگ وید

۲:۔ یجر وید

۳:۔ سام وید

۴:۔ اتھر وید

۵:۔ شویتا شور اپنیشد

۶:۔ کنو اپنیشد

۷:۔ مہابھارت۔ تصنیف مہارشی وید ویاس، گیتا پریس گورکھپور ۲۰۱۲ء

۸:۔ شری مد بھاگوتم۔ تصنیف مہارشی وید ویاس، گیتا پریس کھیم راج

۹:۔ بھوشیہ پران۔ تصنیف مہارشی وید ویاس، گیتا پریس گورکھپور

۱۰:۔ کلکی پران۔ تصنیف مہارشی وید ویاس، ۱۹۶۳ء سری وینکٹیشور پریس بمبئی

۱۱:۔ شریمد بھاگوت گیتا۔ ہندی

۱۲:۔ ہندو مسلم ایکتا، پنڈت سندر لال جی، ہندوستانی کلچر سوسائٹی، ۱۴۵ مٹھی گنج، الہٰ آباد

۱۳:۔ قرآن کریم۔ اردو اور انگریزی

۱۴:۔ شمائلِ ترمذی۔ مولوی محمد زکریا صاحب

۱۵:۔ سرورِ عالم، شائع کردہ محمد مسلم، زیاد پریس، ستمبر ۱۹۶۰ء کشن گنج، دہلی

۱۶:۔ سیرۃ النبی ﷺ شبلی نعمانی و سید سلیمان ندوی، شائع کردہ مطبع معارف

۱۷:۔ اصح السیر، حکیم ابولبرکات عبدالرؤف، پبلشر نور محمد اصح المطبع، کراچی ۱۹۳۲ء

۱۸:۔ جمع الفوائد، سلیمان پبلشر، عاشق الٰہی، خیریہ پریس میرٹھ

English Books:

19:" Muhammad & Muhammadism" by Rev. B. Smith
20:" Decline and Fall of Roman Empire" by Edward Gibbon , published by E.P Dutton & Co. Newyork, 1910.
21:" The Speeches of Muhammad" by Lane-Poole, published by Mcmillan & Co., London - 1882.
22:" Encyclopedea of World History" by W.L. Langer
23:" A History of Civilisation in Ancient India" by R.C.Dutt Edition 1893.
24:" Apology of Muhammad" by Godfrey Higgins
25:" Life of Mohammad" by Sir William Muir , Published by Smith Elder & Co. London -1877.

* * *